多喜美枝子

働きつづけ 学びつづけて

新星出版

多喜美枝子（2019年　沖縄学院にて）

小学校５年生のとき、大宜味村津波小学校で。中央が平良清先生。前列右端が筆者（1936年）

熊本での青春の日々

熊本の国立病院再春荘に
勤務の頃。西三病棟の看
護婦たちと。（前列左）

再春荘の病棟を背景に

再春荘の医局の先生方、婦長たちと（２列目左から６人目）

油谷洋裁学校を卒業。
最後列中央、柱の前が
筆者（1947年３月）

熊本のでの休日（中央）

ナイチンゲール祭も行われた、再春荘の構内にあった寿康館

琉舞の装い

カーテンの生地で自作した
ワンピースを着て

久田病院の送別会で。前列
左から４人目が筆者（1985
年12月26日）

日本女子大学・通信教育
部家政学部生活芸術学科
を卒業（2002年９月）

八重山豊梅会の同窓会
（前列左から２人目）

近畿大学の前理事長・世耕弘昭先生（左）と現理事長の清水由洋先生と

儀間光男浦添市長に沖縄学院の学園祭の寄付金を贈呈。右端は当学院卒業生の喜名奎太氏（大成ホーム社長）

学園祭で上田事務長と

沖縄県青色申告会連合会婦人部結成祝賀会にて、栗原小巻さん（中央）名城政次郎先生（右）に囲まれて

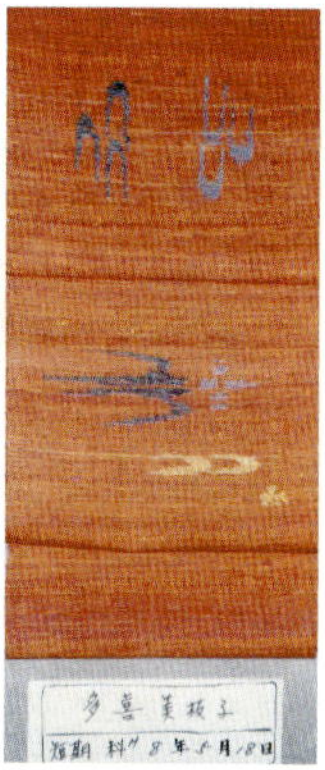
織物作品

陸上幕僚長感謝状贈呈式（平成29年）

翁長雄志沖縄県知事と県功労者表彰式典

県功労賞の授賞式に息子夫婦と

福岡からかけつけてくれた息子の家族と

平成28年度・沖縄県功労者表彰式にて（2016年11月３日、沖縄パシフィックホテル）

働きつづけ　学びつづけて

働きつづけ　学びつづけて――目次

第一章

ヤンバルで生まれて

私は大宜味村《おおぎみそん》の津波《つは》で、父・津波古《つはこ》新助、母・ウトの三女として昭和三年（一九二八）三月一日に生を受けた。卯年生まれである。

父は「船持ち」と言われる運送業者で、山原船《やんばるせん》三艘のほか、ポンポン船より大型の機械船を一艘所有していた。新造船の進水式の日は小学校も休みになり、青年団をはじめとする大勢の人々が海岸に集まった。真っ白な着物を着たノロ（祝女）が、神事を執り行うのである。ノロはススキの葉を振りながら朗々と神歌を歌った。

琉球王国時代、ノロは王府から辞令を受けた、今でいえば国家公務員という高い地位だった。王国消滅後も、慣習としてノロが村の神事を執り行っていた。ノロに憧れていた私は、ノロの歌う神歌も覚えた。

神事が終わると、青年はもちろん子供たちも艫綱《ともづな》を引いた。丸太の上に乗っていた山原船が動き出し、ゆっくりと陸から海に向かうさまは勇壮だった。拍手と歓声が沸き起こり、巨大な船が悠々と海に浮かぶと、浜でご馳走や酒がふるまわれた。中にはすきっ腹に急いで酒を飲み、気を失ってしまう者までいたが、母がすぐに家から砂糖水を持ってきてその人の口に含ませると、不思議なことに意識を取り戻した。そのように母は、経験で何でも知っていた。

進水式の後、ノロはわが家に招待されて、なにやらたくさんの引出物を持って帰っていた。ご馳走やお神酒が入っていたのだと思うが、母はその準備でもたいそう忙しかった。

大宜味村の主な産業は農業だったが、農地に適した平地は狭く、兼業で他の仕事を営む家も多かった。中でも林業は盛んで、材木や薪炭、山原竹などの出荷があった。船乗りたちが山で木を伐り、切り揃えて縄でまとめた薪の束を、馬の背の両側に下げて、山から下ってくる姿もよく見られた。

父の事業は順調で、材木・薪炭を中心に芭蕉布・黒糖・砂や砂利などを那覇に輸送していた。舗装道路の敷設に必要な砂や砂利は、ヤンバルから運ばれていた。それを村人は総出で道普請《みちぶしん》バーキ（竹で編んだ籠）に入れ、バケツリレーよろしく次々に手渡して船に積み込んだ。砂や砂利を積むとその重みで船体が低くなり、「よーし」「満タンになっているさーね」などと、賑

塩屋湾内のヤンバル船（昭和22年頃）

やかに話していた。

父の取引先の中には大城鎌吉さんもいた。明治三十年（一八九七）生の大城さんは大宜味出身の苦労人で、大正期に土木建築業「大城組」を設立して大正から昭和にかけて成功され、戦後は大越百貨店（後の沖縄三越）や那覇空港ターミナル株式会社などを経営された大実業家である。

ところで沖縄では集落ことを一般的に「部落」と称するのだが、熟語では「ムラ」になることもあるので、ムラで統一して表記しようと思う。私の幼少期、ムラの民家のほとんどは茅葺《かやぶき》で、カーラヤー（瓦屋根の家）は、役場であるムラヤー（村屋）など二、三軒しかなかった。私の生家は、その数少ないカーラヤーの一つだった。集会所にも使われるムラヤーの次に大きな家で、敷地内には山羊小屋、豚小屋、馬小屋などもあった。馬は山から薪を運び出す際に重宝されていた。

旧暦の正月二日には、ハチウクシー（初興し）が行われた。仕事始めのことだが、父の仕事が運送業だったからだろうか、わが家のハチウクシーは、仕事始めというよりピクニック的な要素が強く、家族をはじめ従業員、親戚、村の名士などの大勢で、機械船に乗って古宇利島《こうりじま》や屋我地島《やがじじま》まで行った。

船には色とりどりの旗が揚がり、船上ではサイダー、シトロン、いちご蜜などを、大人も子供も飲んで楽しかったのを覚えている。ビールも少しだけ味見をさせてくれた。

古宇利島では製糖工場に行き、鍋の縁についていたアチコーコー（出来立て熱々《あつあつ》）の黒糖をもらい、それがとても美味しかった。また屋我地では、なぜだか分からないが愛楽園の見学もあった。津波の港に戻ると今度は私の家で、ペンコペンコペンコと三線《さんしん》を弾き、モーイ（踊り）をして賑やかにハチウクシーを楽しんだ。娯楽のない田舎のことで、進水式やハチウクシーは大イベントだったのである。

大宜味村津波小学校に入学した私は、普段は何もない静かな山村で少女時代を過ごした。

家では、数人の使用人が家事や畑仕事一切をしてくれた。そのおかげで私は家の手伝いをすることもなかったのだが、一つだけ私に任された大切な仕事があった。まだ家庭に電気が届かないランプ生活の時代だったから、ランプの火屋《ほや》に付いた煤の掃除が必要だった。小さな子の細い手はガラスの筒の中にすっぽりと入るため、隅々まできれいに拭くことができ、とても重宝がられたものだ。

同級生は帰宅すると田畑の仕事、薪《たきぎ》とり、草刈りなど、それぞれ家の手伝いをすませてから遊びに出るのだが、私を誘う時にはある合図があった。家の門の前で物陰に隠れ、「ホーッ、ホーッ」と鳥の鳴き声を真似るのだ。まともに「遊びに行こう」と来ると、使用人たちに止められてしまうからである。鳥の声の合図で私はそっと家を出て、友人たちと野山を駆け回った。

あるとき山に行くと、シークヮーサーの畑があり、実がたわわに成っていた。友人の一人はブルマーを脱いでその裾をススキで縛り、シークヮーサーの実を沢山もぎとって入れ、ウエスト部分をまたススキで縛って頭に載せた。山からの帰途、私たちは三本の道を三方に別れて家路に着いた。私は左、彼女は真ん中の道を帰ったのだが、彼女が運悪く畑の所有者に遭遇。売り物のシークヮーサーを盗まれて怒り心頭に発した畑の主に、お巡りさんに突き出されてしまった。私は何も盗っていなかったのだが、その子の供述で塩屋の派出所のお巡りさんと区長さんに、ムラヤーに呼び出された。母が迎えに来たことで事が収まったのは、父が実業家で村会議員でもあり、戦後には教育委員もやるような地元の有力者だったから許されたということだろう。

警察といえば、もうひとつ思い出すことがある。父は那覇辻町の遊郭に通い詰めたことがあった。ある日、不用意な尾類《じゅり》（遊女）の一言に怒り、彼女に貢いでいた調度品などをすべて二階から道に投げ捨てた。だが尾類の方が一枚上手で、「二人で波之上に夕涼みに行きましょう」と誘い、すっかり機嫌を直した父が「アンスミ（そうしよう）」と言って人力車に乗ると、行き先はなんと那覇警察署。父はそこに留置された。さらに本来なら一晩で釈放されるはずが「自分は上等兵で、指導員として揚子江まで行ったんだぞ」と威嚇したことで警官の怒りを買った。酔っ払いの虚言と思われたのである。上官に報告され、懲らしめのためしばらく釈放されなかった。報告を受けた上官が調査し、虚偽でないことが分かると、駆けつけた憲兵に「津波古上等兵！」と敬礼され、詫びられたという。

その時も母が父を迎えに行った。片肌を脱いで草むしりをさせられている父、着替えの着物を風呂敷に包んで持って行った母。その一件以来、父が辻に通った様子はない。もしかしたら母や伯母たちに、こってり絞られたかも知れない。今となっては微笑ましいエピソードだが、母は父にかなり泣かされたこともあったと思う。

私が小学校四年の時、クラス担任は師範学校を卒業して間もない、若い男の先生だった。たしか二つ目の赴任地ということで、最初の赴任地もツハ（中城の津覇《つは》）、次がこの大宜味の津《つ》波《は》だと言われた記憶がある。

私は先生が大好きで、先生に「なめらか」という渾名《あだな》を付けた。先生の額に一つカンパチ（傷跡）があり、そこの皮膚が光沢を放ってツルツルと滑らかな様子だったからだ。本名は平良清先生である。

先生に憧れた私は、先生のように小学校の教師になりたいと思った。方言しか分からない田舎の子が、先生に教えてもらうことで標準語を覚え、沢山の知識を得ることができるのだ。先生という職業は素晴しい。先生になりたい。思えば今日私があるのは、これが原点だったのかもしれない。

先生は放課後、私に詩吟と剣舞を教えてくれた。なぜ私にだけかと尋ねると、答えはこうだった。

「みんなは家の手伝いで忙しい。君は家の仕事がない。だから教えるんだ」

私は懸命に稽古し、学芸会で披露することになった。ただ花の出番の詩吟だから、吟じるのは私ごときではなく先生で、私は剣舞だけである。それでもたいした娯楽もない時代の田舎でのこと、先生の吟じる川中島に合わせて剣舞を舞う少女が拍手喝采を浴びたのは、遠い日の思い出である。

先生の詩吟や剣舞の指導は厳しく、今でもはっきり覚えている。「鞭声《べんせい》粛々《しゅくしゅく》夜河を渡る」との声に合わせ、扇子を口に咥えて、水の中を歩く動作をする。「そうじゃない、こうだ」としごかれる。なんでこの「なめらか」は、ここまで私をしごかないといけないのかと思った。また白虎隊の歌と剣舞も覚えさせられた。女子師範を出た照屋先生という女性教師が、私などには負けないという感じで荒城の月を吟じていた。

また清先生は、あの軍国主義の時代に「源氏物語を読まないか」とも言った。私はお断りしたけれど、後になってから従っておけばよかったと悔いたものである。とにかく授業とは別に、文化的なさまざまなことを教えてくれた。

清先生との別れが訪れたのは、私が小学校六年に進級する前の早春だった。先生は東京の物理専門学校（現在の大学）を受験し、見事合格。かなり難関の学校だったから、教職を辞してでも入学することを決意されたようだ。

先生が学校を去る前日、お別れを言いに同級生四、五人で先生の寓居に押しかけた。その時私は、十三祝いに作ってもらった、銘仙《めいせん》かモスリンの、高価できれいな着物と羽織を着ていた。せっかく行ったのに、しかも粧し込んでいたのに、先生と言葉を交わすこともできなかった。先客に高等科の男生徒たちがいて、私たち下級生にお菓子を配り、帰るよう促した。追い払われた格好である。仕方なく翌日見送りに行こうと駆けつけたが、時すでに遅し。先生はもう朝のバスで出発された後だった。

清先生は、おそらく私の初恋だった。剣舞を仕込まれながら、「ここまで私をしごくのは、先生は私を好きなのではないか」と勘違いもした。美しい片想いである。後年になるが、私は詩吟の勉強もした。いつの日か先生と合吟することを夢見て。

明治二十七年（一八九四）生まれの父は、よく電報の解読を頼まれていた。父の少年期、義務教育は小学校三年生まで出ればよい方で、六年まで出たらすごいことだったという。義務教育さえ受けない人も多く、新聞を読める人も僅かだった。新聞購読をしているのも、ムラでは床屋さんと私の家だけ。父は上等兵にもなったくらいだし、軍隊での成績も優秀だったのだろう。平時の上等兵は大宜味村では少なかったという。当時は戦時ではなく平時でも中国大陸に駐屯していたとのことで、それで父は揚子江にいたのである。

電報が届いた家の人は、父に読んでもらうために、農作物を持ってわが家を訪れた。南洋などから「マツヤマイイサイフミ」と来ると、「マツが病気、詳しくは手紙で」と父が電文の意味を説明するのである。父の解読を聞きながら、私はイサイフミの意味も知ることができた。三池炭鉱に出稼ぎに行った人たちからも、病気になったとか、連れ帰るとか、死亡したとかの電報が届いていた。「ヤマイ」「ツレカエル」「シス」等々である。

戦後になってからの話だが、父は新聞社に投書したことがあった。「当間重剛《とうまじゅうごう》ドック入り」と新聞に出たためである。当間重剛は琉球政府の第二代行政主席（在任期間一九五六年〜一九五九年）である。父が「ドック入り」の意味を婿（私の姉の夫）に尋ねると、師範学校を出て

９歳の時の私。右から２人目

物知りだった彼は、父にこう教えてくれたという。

「お義父さんの船も、修理なんかでドックに入るでしょう。人間も同じで健康診断をしたり治療をしたりします。それがドック入りというんですよ」

　ああそうかと納得した父は、「自分も質問して理解できた。しかし、尋ねる相手もいない人はどうするのか。主席のような偉い人のことは、みんなが分かる言葉で書くべきではないか」と投書したのだった。

　母は、七ヶ月の未熟児で生まれた兄を育てるために、父の妻として選ばれた。貰い乳をして懸命に兄を育て、父との間には三人続けて女の子を産んだ。姉二人と私である。ようやく男の子を産んだのは、私の生後一年経ってからだったが、待望の男の子は肺炎で亡くなってしまった。私とは年が近すぎて、最初の弟の記憶はない。次に生まれた弟は四歳違いなので覚えているが、その弟も亡くなった。男の子だからと、いい着物を着せられ、いい前掛けをしていたということが、私の記憶の中にある。母はその後二度続けて女の子を産んだ。私の妹・明美（スージー）と政子である。

当時女性の地位は、今では考えられないほど低かった。男の子が産めないと離縁されたり、外で男を産ませることさえあったから、母はさぞ肩身の狭い思いをしていたことだろう。なお兄は難関だった県立第三中学校（現在の名護高等学校）に入った。三中の制服は、霜降りツイードの背広にネクタイ。制服の背広を着た兄の写真が残っている。冠婚葬祭などでのネクタイの締め方が分からない人は、兄に習いに来ていた。

母は働き者だった上、芭蕉布を織るのがたいへん上手かった。芭蕉布の里というと喜如嘉が有名だが、もともとは大宜味村のどのムラでも芭蕉布が織られていた。母は品評会で賞を取ったほどの腕前で、姉たちも嫁に出る前に、母から紡ぎと織りを習っていた。

芭蕉布の腕前だけでなく、山芋をつくっても、品評会で村一番の成績だった。母は肥料にオカラを入れた。他の人は貧乏で肥料に金をかけられないから、いい芋もできないのである。そのように母は、無学ではあっても婦人会長をするほどジンブン（知恵）のある人で、そのうえ情けも深かった。

船員は、船に乗らない時には農業もし、薪を集めた。また船員だけでなく、ほとんどの村人も薪を集め、山原船で那覇に商品として出荷した。そのくらいしか収入源がない田舎だから、隣村の人も薪を持ってやってきた。薪の束を計算する日には、母が立ち会った。帳簿は書けない母だったが、記憶力が抜群で、大勢の人の前借なども全部覚えていて、「あの人は幾ら前借しているからその分、引きましょうね」と、即座に言った。それをもとに算盤《そろばん》で計算するのは私である。五玉の算盤だったが、皆は覚える気がなかったのか、私は暇だったから覚えたのか、算盤ができるようになると暗算もできるようになった。とにかく男の子を残せなかった母は、私を教育することに賭けたのだと思う。

私は、母に連れられて名護まで買い物に出るのが楽しみだった。津波から四里《り》（十六キロ）、徒歩である。羽地《はねじ》へはそれより一里近かったが、名護に出るのが常だった。

名護での主な目的は本を買うことだったが、本屋の帰りには必ず、父のいとこが経営しているソバ屋に寄った。そのソバの美味しかったこと。

名護は那覇や首里に次ぐ都会だった。ヒンプンガジマルから名護十字路にかけて大いに賑わい、名護大通りの両サイド、海側も山側も商店や官庁などがずらりと並んでいた。海側には警察署や興業銀行、公営市場、料亭、旅館も複数あった。山側には、そば屋や菓子店、床屋、銭湯などもあり、大通りには乗合自動車が走っていた。自転車屋や乗合自動車の店などは、大通りの両側に数軒あった。

バスは国頭から大宜味村を通って、一日に一本か二本あった。しかし木炭バスで馬力がなく、上り坂に来たら全員降りて、後ろからバスを押していた。私も大人と一緒にバスを押したことがあって、小さな隙間から中の四角い箱のような所で火が燃えているのが見えた。木炭バスは木炭を燃料に火を焚きながら走るのだが、バスの中に火が見えるのが、なんとも不思議であった。

小学校の同級生の多くは義務教育の小学校だけを終え、紡績業などの職に就くため、本土に渡る人も少なからずいた。貧しい農村を出て生活するため、そして故郷に仕送りするためである。女性の出稼ぎ先は、ほとんどが大阪の紡績工場で、たまに山口に行く人もあった。男性の出稼ぎ先の一つは福岡の三池炭鉱で、出稼ぎではなく海軍に志願する人もいた。

父は子供たちに教育費を惜しまなかった。また女の子にも教育を施したから、当時としては進歩的な考えを持っていたといえる。

第二章

那覇へ

小学校を終えた私は、那覇の高等女学校に入学することになった。

そのころ叔父（父の弟）家族が旭町に住んでいた。叔父も父と同じ船乗りで父の家業を手伝っていたから、時間的に余裕のできた父は、村会議員の仕事もできたわけである。

叔父の家は現在の那覇バスターミナルの近くにあり、そこから私は、高等女学校に歩いて通っていた。当時、那覇市内や首里あたりまでの距離は、徒歩圏内だった。

前島から泊高橋にかけての土地は干潟で、塩田が広がり、のどかそのものだった。今の国際通りは新県道と呼ばれていたが、辺りは湿地帯で、松尾と壺屋に家が点在しているだけだった。ガーブ川は大雨のたびに氾濫し、新県道は雨が降るとすぐにぬかるんでいた。

高等女学校では音楽の時間が一番いやだった。私は楽譜が読めず一生懸命に稽古をしてピアノを弾くのだが、オルガンが一台しかない小学校から来ているわけで、上手く弾けるわけがない。ちょっとでも間違えると先生が厳しい表情で「シーーーッ」と演奏を止める。ヤンバルの田舎からきている私は、同級生からヤンバラーと言われていた。

遠く離れたヤンバルから那覇に出た私は、ホームシックにかかった。しかし当時は、年に一回帰れるか帰れないかの距離と旅費であった。寂しいからと言って、そう簡単に帰ることなどできなかったのである。

そんな私に、母は山原船の船員に旅費を託し、言伝《ことづて》した。辛かったらいつでも帰って来なさいと。そうなると、いつでも帰れるという気持ちの余裕から、あとひと月頑張ってみよう、次は夏休みまで頑張ってみようと、帰省を延ばしているうちに助けてくれる友人もでき、ホームシックが無くなっていったのだった。

旭町には昭和会館が建っていて、私が住んでいた叔父の家は会館の二軒隣だった。昭和会館には公演会場もあり、友人から「ピアノの演奏会があるから聴きに来てね」と言われて行ったことがある。昭和初期の旧那覇の地図を見てみるとその一帯は、大正七年埋立てとある。ケービンの愛称で親しまれた県営鉄道（軽便鉄道）の那覇駅は現在の那覇バスターミナルの場所だが、そこから海側に百メートルほどが埋め立てられている。昭和会館前の通りは「海岸通り」

と書かれており、その名のとおり道路のそばはすぐ海というか、広い河口であった。今はさらに埋め立てが進んでその名残もないが、当時は遠浅の浜のような河口で、今のガードレールに代わるような欄干や、水辺に降りる階段もない素朴な河岸だった。

叔父の後妻は元尾類《じゅり》で、とても美人で料理も上手く、礼儀作法の指導もしてくれた。その叔母が、潮が満ちてくると国場川で野菜を洗ってくるよう、私に言った。私は水面に顔を出している二つの石に足を置いて立ち、海水で野菜を洗った。最初は家に井戸があるのに何故だろうと思ったが、チキナー（青菜）などを洗うと、海水の塩加減がちょうどよかった。今では考えられないが、国場川の水はそれほどきれいだったのである。

川上には、ツケモノヤーといわれている福神漬《ふくじんづけ》の工場があったが、そこから時々、刻む前の大根など、漬物に使う野菜が流れてきた。汽水域の水で野菜を洗えば経済的で、塩加減もよかったのだろう。

当時、奥武山は国場川の河口にある離れ小島で、那覇や垣花とは第一明治橋・第二明治橋で繋がっていた。橋より海側の広い河口の岩礁の上には、風月楼《ふうげつろう》という料亭が建っていた。琉球王国時代の御物城《おものぐすく》という施設を、明治期に本土の資本家が買い取って料亭にしたものである。

風月楼には渡地《わたんじ》から舟が通い、渡し賃を徴収するジントヤーという職業があった。橋を渡るのは無料となっていたが、渡地《わたんじ》と風月楼の間を通う舟は有料だった。

父の姉の娘、つまり私の従姉妹のチルーも叔父の家に同居していて、彼女は私と同年で、そのジントヤーをしていた。叔母が私に、「あんたの着物をあげなさい。あんたには後で買ってあげるから」と言うので、私は学校の授業の「早縫い」で縫った着物をチルーにあげた。四ツ身のネルの着物で、チルーはそれを着て三尺帯を締めた。

風月楼は日本風の料亭で、大和《やまと》ジュリヌヤー（尾類の家）と呼ばれていた。本土から来た政府の役人や、その接待をする県庁の役人も大和ジュリヌヤーに行くのは楽しみだったと思う。渡し舟は夜中は運休で、奥方が呼びにいけない場所であり、風月楼は朝帰りに都合のいい料亭だった。

岸から離れた岩礁に建つ風月楼の石段には、遠目に客待ちの芸者さんが立っているのが見えた。芸者さんは琉装ではなく和装で、私は羨ましく思った。私もあんな美しい着物を着てきれいにしたいねえ、と。

山原船が渡地《わたんじ》に着くころを見計らい、叔母は私に、差し入れの豆腐を持って渡地に行くように言った。航海中あまり美味しい食事も摂れない船員たちに、とても喜ばれた。

叔母は軽便鉄道で与那原まで、船員のための野菜を買い出しに行くことがあり、その時には私を連れて行った。一人より二人で荷物を分け合えば軽くなるということなのだが、思えば私は実の娘のように可愛がってもらったのかもしれない。

ところで当時、中学校や女学校（今の高等学校に相当）の学費は私費で、師範学校はすべて官費だった。中学校・女学校に進学させられるのは裕福な家で、貧しい家の子か成績優秀な子は、教師養成学校である師範学校に進学した。師範学校にはやや年齢が上がってから入学した人もいたし、中学校には見栄で無理して進学させた親もいて、「一人息子の可愛さに、泣いて通わす一中生」と歌われた。一中とは県立第一中学校で、首里高校の前身である。スポーツの試合で一中と師範学校が対戦すると、「官費のオジサン髭だらけ、官費が通れば靴が鳴る、カンピ、カンピと靴が鳴る、サナジの緒までみな官費、官費が通れば靴が鳴る」と、囃された。水産生には「船乗り船漕ぎ色黒の、魚食い坊主の水産生」、工業生には「カンバク（棺箱、棺桶）作りの工業生」、工芸学校の生徒には「バッタンが通る」と機織りの音を真似てからかった。他者をけなすことくらいしか、楽しみがなかったのだろう。

母は、私が高等女学校の二年生の時、婦人科の病に罹り、那覇の病院に入院した。ジュリだった叔母が、その病院は産婦人科で有名だというので入院したわけである。当時、女学校や中学校には教護連盟というのがあって、夜間歩いていると補導され学校に報告された。そうなると退学になるので、母の見舞いに行くために、証明書をもらった。

母は子宮筋腫だったと思う。手術後に退院できるはずだったのに、縫合したところがどんどん赤く腫れてきて再度開腹手術となった。そして五十歳という若さで亡くなってしまった。たぶん中に前の手術時の汚物が残っていたのではないかと思われ、今なら医療ミスで訴えるところだが、当時はそんな考えすらなかった。

母の術後、親身になって母を看護し、死後の処置までしてくれたのが、ずっと後の平成の世になってナイチンゲール記章を受章する金城妙子さんだった。妙子さんの夫は私の父の従兄弟で、私の叔父にあたる。叔父が前妻と死別し、妙子さんと結婚したのだが、日本赤十字社の看護婦として従軍経験のある妙子さんは、凛とした人だった。戦地の大陸から戻ってきて県庁まで知事に挨拶に行ったと、私は新聞で読んだことがあった。また母の処置にも涙一つ見せない凛々しい姿を見て、私は看護婦という職業に憧れを抱いたのである。

真珠湾奇襲の昭和十六年（一九四一）十二月から、沖縄も戦時色に染まりつつあった。空襲などはまだなく平穏な日々だったが、暗雲は垂れ込めていた。背嚢《はいのう》を背負った兵隊さんたちが、毎日のように上之蔵通りを行進しながら軍歌を歌う。学生の私たちは「戦《いくさ》みたいね」とささやき合っていた。

それでもまだ、夏休みの帰省は普通に行われていた。那覇からヤンバルまでは、大宜味丸という船があり、帰省の時にはそれが一番便利であった。ある夏、那覇に戻ろうとする前日に天候が悪くなり、父は船乗りだから翌日の大宜味丸は出ないと分かっていたのだが、学生たちは大宜味丸で戻ると言ってきかない。父は前の日に出る別の船で帰るようにと言ったが、学生たちは那覇まで乗り継ぐ船より、乗り換えもなく那覇に直行する大型船の大宜味丸しか、眼中になかった。けっきょく父の言った通り大宜味丸は欠航となって、私は彼らと行動を共にする羽目に陥った。

さすがにその頃になると、学生は軍の証明書がないとバスの乗車が許されなくなっていた。

そうでなくても悪天候で大勢の人がバスを利用することになって、学生まで乗せる余裕はなかったのだろうと思うが、ヤンバルから那覇まで三分の二以上が徒歩という、過酷な道程になってしまったのである。

恩納村の谷茶《たんちゃ》まで四十数キロ歩き、谷茶の派出所に一晩泊めてもらったと記憶している。夜が明けるとまた歩いてやっと嘉手納から軽便鉄道に乗り、那覇に着いた時はもうクタクタだった。疲れ果てた上にお土産も抱えていたから、那覇駅から近距離の叔父の家に、人力車に乗って帰った。幸い昭和会館の隣と言えば、すぐに通じたのだった。

第三章

熊本への疎開

昭和十九年（一九四四）三月、私は疎開することになった。女学校の校医、久高先生とその家族が熊本に疎開するというので、一緒に行くことにしたのだ。友人も何人か行くと思ったのに、私一人となった。やはり慣れない初めての土地に行くのは不安だったのだろう。ただその頃はまだ切羽詰まった状況ではなく、まだ疎開を促す程度だった。半強制的に疎開が始められたのはその年の夏からである。

校医は軍医も兼ねており、軍用飛行機で行くと言われて喜んでいた。が、けっきょく私は船となった。軍艦鹿島である。現在でもその二世か三世かが同じ名前で存在しているので、鹿島という名前を聞くと懐かしい。もっとも乗船した時は、軍艦の名前も知らなかった。いつ出航かさえ知らされず、当日になって「さあ、出航するから乗りなさい」と急かされた。後になってから「あれは鹿島だったんじゃないか？」といった具合である。海軍の軍艦であることは間違いないけれど、船内にはさまざまな人が乗っていた。刺青《いれずみ》している裸の人、朝鮮の人、疎開のための乗客等々である。

鹿児島に到着すると、飛行機で先に到着していた久高先生一家と、無事に合流することができた。疎開といってもまだ観光気分で、一家とともに鴨池、天文館など、あちこち見物させてもらい、嬉しくて舞い上がる気分だった。

私の疎開から五ヶ月後の八月二十二日に、米潜水艦の攻撃によって対馬丸が沈没した。七月のサイパン玉砕を受け、本土決戦に備えて沖縄の老人や婦女子の疎開命令が出たわけだが、私はその命令前の疎開だった。とはいえ渡航は安全とはいえず、軍艦鹿島も、よく沈められなかったと思う。

熊本に着くと、ひとまず久高先生のいとこの家に、お世話になった。大島紬を扱う店だった。だが疎開者が次々とやってきて、縁故だからと長く世話になるわけにもいかず、県庁などに頼んで別の家を探してもらった。

ほどなく、田舎に疎開して空き家となっている店に、久高さん一家と高嶺さんという一家とともに身を寄せた。「肉」と書かれた菅之屋《すがのや》という馬肉店で、近くには長崎書店や大橋時計店、北警察署などの建物がある官民取り交ぜての繁華街にあり、大きな商店街に立地する奥行きの長い店だった。店の表は上《かみ》通りに面し、裏口のある裏通りの近くにある川には、時々ゴミを捨てに行った。川向こうには、熊本城がそびえていた。

後に知ったことだが、熊本市は熊本鎮台が置かれて以来の軍都で、熊本城には軍司令部がおかれ、周辺には病院や警察署、また食料をはじめとする軍需品を納める中小企業も多かったのだ。菅之屋も、軍に納める肉を扱っていたのだと思う。

花冷えで寒い日も多い三月、四月である。熊本に来る前、父が「美枝子は雪の降るところに行くのだから、着物をあげなさい」と姉のヨシに言い、単衣と袷の二枚の着物をもらって疎開した。私はそれを、ずっと肌身離さず大切に持っていた。

しばらくして、熊本市より南の方にある八代《やつしろ》の松高村という小さな村から、久高先生に就職の話が寄せられた。そこの医者が高齢で、近いうちに無医村になってしまうから、来てくれないかという話だった。先生は渡りに船と快諾した。そうなると私一人熊本市に残るわけにもいかず一緒に八代に移ったけれど、久高先生が赴任する田舎の医院まで私がついていくことはなかった。

私は市街地にある八代助産婦・看護婦学校に入学することになった。入試を受けて合格したのに、久高先生の奥さんが私に合格通知を渡すのを怠り、一緒に受験した助産院に勤める女性から、「あんた何で入学式に来なかったの」と言われて、合格が分かった。入学式を過ぎてはいたが、学校に行くと歓迎され、昭和十九年（一九四四）四月入学と認めてもらった。時代的に看護婦の養成が急務だったから、多少の遅れには目をつぶったのだろう。

なお補足として、ここで少し説明しておきたい。私が「看護婦」や「助産婦」という職業名を記すのは、法改正前の古い話だからである。現在では男女共同参画社会になり、二〇〇二年から男女共通の職業として、保健師、助産師、看護師となったのは周知のとおりだが、私が育った時代は、それらは「婦」の付いた女性の職業だった。

さて、通学を条件に学校近くの病院に住み込みさせてもらった私は、昼は学校に通い、学校が終わると病院で仕事を手伝った。疎開するとき、着物のあちこちに縫い付けて持ってきた紙幣も、その額はしれている。しかも沖縄とは音信不通になってしまい、親からの仕送りはない。学生だけれど、働かざるを得なかった。

ただ、ありがたいことには、沖縄から来ているからと、学校が優先的に仕事を斡旋してくれ、あちこちの病院で実習生として働くことができた。とくにお世話になったのは、八代駅前にある川上歯科医院だった。

疎開とはいえ、静かな日々はそう続かなかった。九州各地にも空襲の被害が出始め、八代でも警戒警報や空襲警報が度々聞こえるようになる。その度に防空頭巾をかぶり、防空壕に逃げ込む日が続く。睡眠不足でもあり、くたくただった。警報が収まるとようやく空腹に気づく日々。警報が鳴ると田んぼのわきを走って、また防空壕に入る。

昭和二十年（一九四五）五月、大きな空襲に見舞われた。八代市は産業都市で、アルコール工場を始めとする多くの工場があり、激しい攻撃にさらされる。爆弾が投下されると、地鳴りが市街地まで響いた。

沖縄が十・十空襲で玉砕したと聞いた後は、もう逃げるのも嫌になっていた。沖縄が玉砕したなら、親兄弟はみな死んだと思ったのだ。「もう私も死んでもいい、逃げない」と言ったら、「そんなバカなことを言うな」と院長先生に叱られ、同僚にむりやり引っ張られたこともあった。

昭和二十年（一九四五）八月十五日、終戦を迎えた。歯科医院に集められ玉音放送を聞いたが、雑音がひどく、「耐えがたきを耐え、忍びがたきを忍び……」と聞いても、何がどうなったのか意味が分からなかった。川上院長は泣いていたが、私たちはまさか負けたとは思わず、なぜ泣かれるのだろうといぶかしんだ。

ひと月ほどして、進駐軍が駅に来るという噂が流れた。見てみたいと思ったけれど、やはり怖さが先に立ち、駅には行けなかった。だが、その後どこかで米兵を見た。顔が桜色で、沖縄の妖怪、キジムナーのように思ったことを鮮烈に記憶している。そしてお尻だけがピタッとしたズボンが、とても格好良く思えた。長引く食糧不足で栄養不

川上歯科医院の人々と（前列右から２人目が私、中央が院長）

良の日本国民は皆、やせて青白い顔をしていたから、米兵の桜色の顔はひと際別世界のものに見えた。

そのうち、徐々に外地から引揚者や復員兵が帰ってくるようになる。その中に川上院長が目をかけていた、鶴田さんという若い歯科医もいた。年老いた院長と前妻との間には子がなく、後妻との間の子もまだ幼い女の子で、医院の跡継ぎがなかった。その院長が私にこう言った。

「君を養女にして、鶴田君を婿に迎えて医院を継いでもらうつもりだが、どうだろう」

沖縄の家族は死んだと思っていた私にとっても、その話はまんざらではなかった。しかし、話は進みかけたものの、鶴田先生が何かの原因で院長の奥さんと大喧嘩をして、話が流れてしまった。鶴田先生は「さよなら」の一言も言わずに、川上家を出て行った。

窓辺にて何見つむるらむ寂しげに夕日に映る乙女が一人

もう一つ、流れてしまって悲しかった思い出もある。疎開の時に姉の加代がくれたセーターを、球磨川で洗濯していた時のことだ。球磨川は日本の三大急流の一つで、岸辺でもそうとう流れが速く、その縄編みの入ったお気に入りのセーターが流れてしまったのだった。

昭和二十一年（一九四六）三月、私は八代助産婦・看護婦学校を卒業した。

沖縄とはまだ連絡もとれない時で、熊本で生きていくしかなかった私は、四月から西産婦人科・小児科病院で働き始めた。正看護婦の資格は卒業と同時に与えられたが、助産婦は国家試験を受けなければならなかった。鹿児島・熊本・福岡の三ヶ所で学科試験があり、受験日が県によって違うので、私は早い日から順に鹿児島と福岡で受けていた。

福岡での受験のことは鮮明に覚えている。汽車に乗って博多に向かう途中、お握りを食べながら無性に悲しくなって涙がこぼれ、鼻をかむとハンカチが真っ黒になった。蒸気機関車の煤煙で、鼻の穴まで真っ黒になっていたのである。博多の安宿では、襖一枚隔てた向こう側に朝鮮の男たちが泊まっていた。敗戦のドサクサでかっぱらってきたものを売って酒を飲み、「アーリラン、アーリラン」と大声で歌って騒ぎ、それがとても怖かった記憶がある。

けっきょく熊本での受験を待たずして、鹿児島から合格通知が来た。学科試験に合格した後、実地試験は熊本医大で受験した。西産婦人科の女医さんが、試験場まで連れて行ってくれた。

無事に助産婦の国家資格を取った後、西産婦人科・小児科病院で、助産婦・看護婦として働いた。

西産婦人科院長の奥さんは助産婦で、その上しっかり者で、「早起き、早グソ、早歩き」と教えられた。たいへんな倹約家で、赤ちゃんの産湯は大鋸屑《おがくず》を利用して沸かし、自分の子供にも贅沢をさせずに皆と同じ食事をさせた。おそらく自分が虐げられて、食べられなかった時代もあったのだと思う。私たち看護婦の食事の際には、こう言った。

「あんなあ、おかわりもしてもよかけんなあ。二杯までは、よか。バカの三杯汁《さんはいずい》といってなあ、お嫁にもらう人もおらんけんなあ」

そう釘を刺して牽制しておけば三杯食べる不心得者はいないと踏み、計算して食事が作れるわけである。そんな所で養成されたから、私にも倹約精神が身についた。

ところで、この西産婦人科にいる時、大きな出来事があった。挨拶に来られた方が帰った後、私は「あの方はどういう方ですか?」と奥さんに尋ねた。すると「大田さんといってなあ、警察署の前で弁護士事務所を開いたからと、挨拶に来られた」というのである。私はまさかと思いながらも「大田政作さんですか?」と聞いた。

「そう、大田政作さん。でもなんで知っていると?」

「親戚なんです」

「沖縄の人とは言いよらんかったけんどね、昔あん方が八代裁判所で判事だったとき知っているから、うちに挨拶に来たとたい」

ああ、間違いない。大田政作氏の一家は台湾から引き揚げてきて、八代で弁護士事務所を開いたのだった。

会いに行った私は、応対に出た大田夫人に、「私はヤマニーの三女です」と言った。ヤマニー(山根)は、山の麓にあることから付いた、わが家の屋号である。大田夫人(好子ねえさん)は驚き、すぐに「マッツーだね」と言った。マッツーは私の幼名「松」で、それを覚えてくれていたことが、とても嬉しかった。好子ねえさんは私の従姉(私の母の姉の一人娘)で、行事の時などよくわが家に遊びに来ていて、私の父母をとても慕ってくれていた。

二人で抱き合って泣いた。沖縄の親兄弟の安否も知れない中で、お互いにたった一人の身内のように思えたのだった。私は疎開で熊本に来てからのことや、看護婦と助産婦として働いていることを話した。すると好子ねえさんは眼鏡をはずして涙を拭き、こう私に言ってくれた。

「あんたは資格も取っているなら、今度は洋裁を習いなさい。ちょうどそこに洋裁学校ができたから、うちに泊って、ここから通ったらいい。一緒に暮らしましょう」

とても嬉しかったが、私はそんなに甘えていいのだろうかと思った。すると好子ねえさんは、こんな話をしてくれたのである。自分が沖縄県立第二高等女学校を卒業し、さらに上の専門学校（現在の大学）まで行けたのは、私の父が援助してくれたのだと。

「私があるのは、叔父さんのおかげ。大田が判事になった時も、叔父さんがお金を貸してくれて、法服を買うことができた。だから遠慮しないで、ここから洋裁学校に通いなさい。花嫁修業だよ」

ヤンバルの田舎の漁師の子なのに高等教育を受けた好子ねえさんは、私の憧れの女性だった。だが、彼女の家のあった根路銘《ねろめ》は漁村で、父親もサバニ（くり舟）しか持っていない漁師だったから、二高女卒でさらに東京の女子学校まで行けたことを、不思議に思っていた。彼女の話で、私の父が援助していたことを知ることができ、そこまで父はやったんだと父を尊敬した。そして法服のことまで話してくれたのは、暗に「大田にも遠慮することはない」と言ってくれていると感じたのである。私は、好子ねえさんの提案に素直に従い、大田家族の一員として同居し、温かい家族としての生活を味わうことができた。

私は油谷《ゆたに》洋裁学校本科に入学し、夜に洋裁を学んだ。昼は西産婦人科・小児科病院で働き、そのかたわら一年間は八代助産婦・看護学校の非常勤講師を務めた。

しかし、とにかく食糧難の時代である。好子ねえさんと一緒に田舎まで食糧の買い出しに行ったこともあった。物々交換をするのだが、一年間も通うと田舎の農家の人たちも、もう着物はいらないと言い、洋裁学校に通っていた私が、針などを持って行くと喜ばれた。

第四章
青　春

洋裁学校を卒業し、非常勤講師も終わって区切りのついた私は、昭和二十二年（一九四七）四月、国立再春荘病院に移った。当時の名称は、国立療養所再春荘である。

この病院は戦前の昭和十七年（一九四二）に傷疾軍人療養所再春荘として創設されたところである。私が就職した頃は、患者の傷痍軍人たちはちゃんと白い着物を着ていたが、戦中や終戦直後は負傷者で溢れかえり、物資も医薬品もなく、看護婦たちは大変だったと聞く。

またここは、昭和二十年（一九四五）五月に空爆も受けていて、殉職者も出たのである。戦争で傷を負った兵士の療養所を爆撃するなんて、戦争とはなんと人道に反するものだろうかと、つくづく思う。

先輩方が散々苦労した時代は去り、病院が落ち着いた良き時代に、私は就職したわけである。国立だから大学病院より設備も整っていたし、患者の白い病衣には、胸にきちんと国立病院のマークが入っていた。

この国立病院で過ごした日々は、とても思い出深く、私の青春時代でもあった。素晴らしい先生たちに出会い、私の基礎が全部つくられたといっても過言ではない。

国立病院はとても大きく、入院病棟は西五病棟、東五病棟、そして外気小屋がいくつかあった。私たちはそれを「ガイキ」といっていたが、外気小屋は症状の軽い結核患者の療養施設であり、また回復しつつある結核患者が退院までを過ごすリハビリ施設でもあった。当時はまだ結核の治療法が、大気・安静・食事療法しかなく、外気小屋は外気を吸わせるための窓を設けたコテージのようなものだった。外気小屋の患者はそこで暮らし、自分の食事を作ったり、近くにある畑を耕したりしていた。

そのほかに外来の治療棟、別棟に解剖室があり、さらに庶務や研究室などを入れると相当の人数が働いていた。外来は産婦人科以外の全科があった。産婦人科があれば私が采配を振るえるのに、と思ったものである。

私は西三病棟に勤務していた。一つの病棟に六十名収容だから、東五、西五の十病棟で、全部で六百人の入院患者がいたことになる。一つの病棟に一人の婦長がいて、入院病棟だけで十名の婦長、総婦長は一人、総副婦長は二人といった体制だった。

院長（当時は荘長）は、坂本元《はじめ》という方であった。坂本院長は眼光の鋭い厳しい方だったが、その名前「元《はじめ》」からゲン、ゲンと親しまれていた。歌手の松島詩子が来た時、みんながサインをもらいたいと言ったけれど、その要望に応えると相当の数を書いてもらうことになる。院長はそっと私を呼んで、「この子は沖縄からきていて、親もいない」と紹介してくれ、「この子にだけはサインしてもらいたい」と頼んでくれた。


昭和二十四年の春だったと思うが、ある日、私は坂本院長に呼ばれた。治療棟の婦長になれと言われたのである。婦長には、大学病院の経験者か日赤病院の上部などの偉い人しかなれなかったから、私は大いに驚いた。当然のごとく、私は辞退した。

「もっと勉強して、各部所を回って経験を積んでからなりたいと思います」

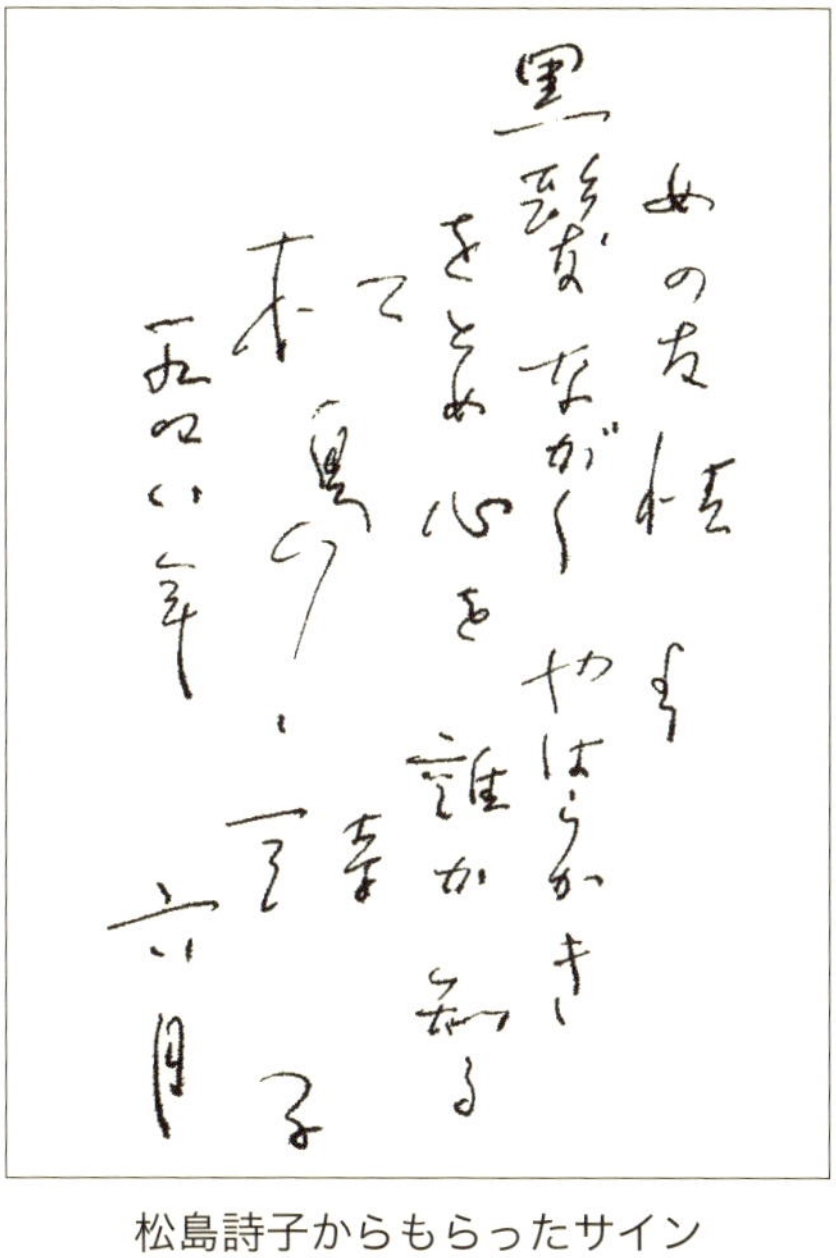
松島詩子からもらったサイン

すると院長はこういわれたのである。

「今しかなれないよ。各部署全部回っていたら、あんたの技量不足がばれる。あんたは一般の病院しか経験がないが、他の人は設備の揃った大病院の経験がある。最新式の機器も使える」

それを聞いた私は、シュンとなった。ああ、私には技量がないのだと。しかし院長は、次のように続けてくれた。

「でも私はあんたを見てきて、頭が悪くないことは分かった。最新式の機器を使えなくても、見ているだけですぐに覚える。ちゃんと婦長の記章が付いた帽子をかぶって堂々としていたら大丈夫だ。だから今、なりなさい」

私は、月一回行われる院長（荘長）回診のとき手伝ってくれと頼まれると、怖いもの知らずでよく引き受けていた。他の人は院長の前で怒られるのが怖くて出たがらなかったので、積極的に手伝う私の仕事ぶりを院長は評価してくれたのだった。足りない分は努力で補えばいい、チャンスはめったに来ない、チャンスを生かせと。

人間の出世は、チャンス、努力、運。この三つが重なれば成功すると私は思っている。私のこの持論は、チャンスを生かせと院長から教えてもらった影響が、非常に大きい。

食糧不足で配給制の時代だったが、国立病院の職員には、お金を出せば購入できる「労務加配米」というものがあって、優遇されていた。しかも安価なのである。

実家が農家の人は、わざわざ購入しなくても米はあるから、労務加配米の権利を使わずに余っている人もいた。私は彼らからこの権利をもらって労務加配米を購入し、休日にその米を大田さんの家に届けた。そして一晩泊まり、翌日そこから病院に戻った。私が行くと、大田家の子供たちは、「美枝子ねえさんが来たら銀飯が食べられる」と喜び、いつ来るかと待ちかねてくれた。

また大田氏は弁護士という職業柄、事件を解決してもらった顧客から、お礼に農作物などをもらうこともあったが、ある時、生きた鶏を二羽もらった。しかし鶏の解体など慣れていないとできない。子供たちは「美枝子ねえさんが来たら解剖させよう」と、鶏を庭に繋いで生かしておき、私が来るのを待っていた。長男が鶏の首を落とし、皆で熱湯をかけて羽根をむしり、解体は私である。鶏などは、たいそうなご馳走で、とても美味しかった。そのようなこともあり、私はずっと長い間、大田さんの家族から感謝され、大事にしてもらった。

私は一生懸命に仕事を覚え、こなした。厳しいだけではなく楽しい日々だった。

看護婦が映画を観に行く時などは、寄宿舎で食事をしないこともあり、夕飯が残る。物のない時代だったから、私は余ったご飯をもらってオジヤにし、医局の先生方の夜食にした。残ったお味噌汁を入れ、野菜がない時はノビルやヨモギを摘んできて入れ、ベランダに置いている七輪で夜食を作った。当時、本土では沖縄のように食されていなかったヨモギだが、とても重宝した。七輪は木炭で、木炭の俵は私の靴箱のすぐそばに置かれていた。

夜食を作ってお金を貰うわけではないけれど、「出前、持ってきました」と冗談を言いながら顔を出すと、「今日のメニューは何?」「だご汁?」「オジヤ?」などと、喜んでくれた。鍋代わりに使ったのは、カナダライといっていた金属製の洗面器である。物のない時代、そんなことは何も気にならなかった。

宿当直の先生方が休憩中にマージャンをすることもあったから、私が「出前、持ってきました」と夜食を運んでいくと、「ちょうどよかった、一人足りないから」と、マージャンもできない私がメンバーに入れられることもあった。しばらくして誰かが来たら「もういらんから、お茶を入れなさい」と。マージャンをしてもしなくても帰れない。

そんなふうに先生方に可愛がってもらったし、懐かしい思い出は数限りない。

患者さんたちとも仲良くなった。私は、耕作をしている外気小屋の患者さんに「お芋を収穫したら頂戴ね」とお願いした。収穫された芋をもらうと、どの病棟にも自由に出入りできて何でも調達できた私は、歯科に行き、技工士から借りたシンメルブッシュの煮沸消毒器で芋を炊いたこともある。消毒器は、芋のヤニで黒くなる。歯科の園田先生は、「またあれがやったんだろうね、仕方ないなあ」と笑っていたそうだ。園田先生はロシアで捕虜になってシベリア抑留を経験された方で、私にロシア語を教えてくれたり、いろいろな話を聞かせてくれたりした、思い出深い先生である。

また、この国立病院に、広瀬先生というレントゲンで即座に病を見つける名人がいた。「撮影するより前に透視だけで診断できる」と自慢するほどの腕前だった。私も時々、レントゲンの見方を教えてもらったことがある。

レントゲン室には、フィルムを冷やすために、割り当てられた氷があった。広瀬先生が「砕いてブドウ糖を蜜代りにかけて食べよう」と悪知恵を働かせ、レントゲン室の看護婦と三人で、こっそり食べたことがある。砂糖など簡単に手に入らない時代だったから、ことさら美味しかった。

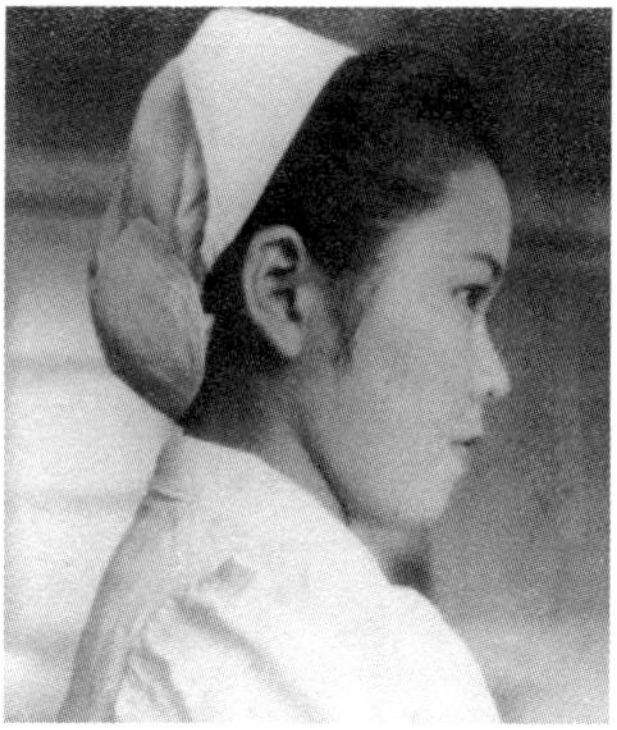
変更前

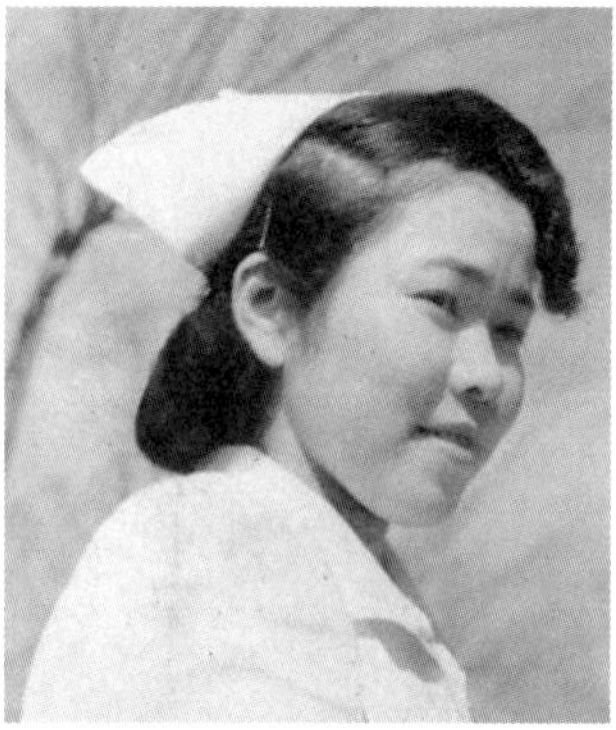
変更後

レントゲン室は看護婦たちの憩いの場のようなもので、各々が田舎から送られてきたものを持ち寄って、おやつを食べる場所でもあった。渡辺さんという看護婦は、他の人が来て長居をしていると「せからしか、もう帰りなっせ」と追い出すことがあったが、私は一度も追い出されたことがなかった。

広瀬先生は写真が趣味で、よく私の写真を撮ってくれた。天気がいいと「はい、芝生の所に行きなさい」と。この先生が、ある催し物に私を推薦した。看護婦の帽子のモデルである。

国立病院の看護帽を統一しようという企画があった。少し丸みを帯びた帽子の留めに、布で作られた蝶々のようなリボンが後ろについた帽子だったが、それをアメリカ式に頭頂部でくるりと巻いて後ろで留める簡単なものに変えようというもので、各病院からのモデル募集があった。私は運よく国立病院再春荘の中から選ばれ、「ミス熊本」ともてはやされた。「ミス再春荘」でさえ勿体ない話だが、通称で「ミス熊本」といわれたのだった。

広瀬先生は「おれが推薦したおかげだ」と私に恩を売り、新しく来た看護婦にも、私のことを「あれはミス熊本だよ」と吹聴し、いろいろなことに私を利用した。野外活動を「青空部隊」と名付け、その隊長でもある先生は、菊池渓谷や菊池水源地、阿蘇、ミカン狩りなどの行楽を企画し、各病棟に回覧を回すのだが、私の名前を相談なしで真っ先に記入した。「君がいかんと誰もいかんよ。君に出欠を聞いてからでは間に合わん、参加しなさい」と、私に有無を言わせない。

菊池水源地では菊池小学校に泊って素麺《そうめん》流しをしたし、催し物では当時人気のあった「二十の扉」とか「ジェスチャー」とかのクイズをした。ジェスチャーは二人一組になって、一人がお題に書かれた文章を身振り手振りで表し、お題を見ていないもう一人がそれを当てるクイズである。後にNHKのテレビで、柳家金語楼と水の江瀧子のペアが人気になったが、広瀬先生と私がペアになったら最強で、ジェスチャーの大会にも出て優勝し、二人は有名人になった。

そんなこともあって、広瀬先生は私と結婚するはずだと噂が立ったが、一度もプロポーズされたことはなかった。だが後年になって私が沖縄から先生を訪ねた時、奥さんや息子・娘さんも、お父さんの初恋の人だからと私を大事にしてくれ、私が熊本に行ったときには一緒に食事を楽しんだものである。

その広瀬先生がリーダーとなって、国立病院の野球部やバレーボール部、合唱団も作った。例のごとく、君がいないと始まらないと合唱団にも入れられた。なにしろおだて上手なのである。「アルトは君一人しかいないから、君が抜けたら困る」と言われ、欠席もできなかった。

私は何にでもチャレンジした。戦時中に田舎に疎開させていたミシンを業者がセールスに来たときも、私が買った。国立病院に来る前に油谷洋裁学校に通ったことは前述したが、一年間とはいえ単なる趣味の学校ではなく、職業人にするための学校だったから、背広まで作ることができた。

ミシンは高額で誰も買えなかったし、誰も使うことができなかったから、何日か経ってミシンが来たときは、「再春荘にミシンが来たってよ」「誰が買った？」と皆が集まって来て、ここでもまた私は有名人になってしまった。

最初に自分のワンピースを作った。すると皆が、自分のものも作ってくれと来る。始めのうちは作ってあげていたが、数が増え追い付かなくなって、あとは講習会を開いた。型紙の作り方から教え、端切れを組み合わせればブラウスやワンピースもできると、その見本を作って見せた。白い襟は、古くなって捨てるだけのシーツの、きれいな部分を使ったりした。

沖縄から疎開するとき、避難ではなく本土でいろいろと勉強して資格を取って役立てようという志を持っていたので、父もよい機会だと言ってくれていた。それに昼は仕事、夜は洋裁と、休む暇がないのは当たり前だと考えていた。国立病院に勤務しながらも、夜学に通ったり、余暇には生け花や茶道などの稽古事もした。そのとき思ったことは、戦争のない平和のありがたさだった。空襲警報もなく、防空壕にも入らなくていい。平和な夜には、余暇に習い事もできるのである。私だけでなく、みな平和の幸せを享受し、戦争で暗かった青春を取り戻すように、バレーボール、川柳、短歌、合唱、ダンスの稽古などに通う人もいた。

手製の服を着て

ありがたいことに国立病院には、華道や茶道も、先生が教えに来てくれた。ただ、先生の入れ替えに従って、一つの流派ではなくさまざまな流派で習った。池坊の男の先生に変わった時、なぜ君は免状をとっていないのかと尋ねられ、前の先生に申請するよう言われなかったからと答えると、すぐに申請してくれた。こういう体験もすべて、その後の人生に役に立つことになる。

ところで、近代看護を確立したフローレンス・ナイチンゲール女史の生誕祭として行われているナイチンゲール祭は、現在では全国の病院や看護学校で戴帽式やキャンドルサービスなど広く行われている。そのナイチンゲール祭を国内で初めて開催したのは、おそらくこの国立病院だと思う。国立病院の寿康館《じゅこうかん》という講堂でナイチンゲール祭を開催したのだが、実行委員長だった私は、どのようにしたらいいのか思案に暮れた。しかし平和な民主主義になったことで、誰もが皆、ああしたらいい、こうしたらいいと、自由に意見を出し合った。先生方もさまざまなアドバイスをしてくれた上、歯科の園田先生は、挨拶の原稿を書いてくれた。

またナイチンゲールといえば、特に功績のあった看護婦（師）に与えられるナイチンゲール記章というのがあって、ナイチンゲール生誕百年にあたる一九二〇年（大正九）に、第一回目の授章が行われた。ずいぶん後年になってからだが、沖縄からも、ナイチンゲール記章受章者があった。元沖縄赤十字病院看護部長の高瀬松子さん、元那覇市立病院看護総婦長の真玉橋ノブさん、元沖縄県那覇保健所看護課長の金城妙子さん、この三名である。

国立病院の門から建物の入口まで、何本もの桜の苗木が植えられていた。戦時中は桜を植える心のゆとりはないはずで、おそらく戦後、荒廃してしまった病院をちゃんとしたいという気持ちから、植樹されたのだと思う。私は、その添え木のある苗に、病院を去るまでせっせと水やりをして、桜の木は少しずつ大きくなっていった。ずっと後年、国立病院のＯＢ会で、今ではすっかり大木になっているこの桜はいつ頃植えられたのだろうという話が出たとき、私が水やりの思い出話を語り、桜の植えられた時期が推定できたのだった。

思い出といえば、国立病院の先生に、松野頼三の選挙活動に連れていかれたこともあった。昭和二十三年（一九四八）の国政選挙で、戦後ＧＨＱ（連合国最高司令官総司令部）によって公職を追放された松野鶴平（衆議院議員）に代わって、息子が出馬したときのことだった。

とても大きな思い出もある。戦後、天皇陛下は全国各地を巡られているが、昭和二十四年（一九四九）の初夏に熊本を巡幸された。引率者として私が選ばれ、白い病衣の傷痍軍人を数名連れて天皇陛下にお会いした。もちろん私たちは最敬礼をしていて、顔はあげられない。侍従が

「傷痍軍人です」と紹介すると、「あ、そう」と陛下は言われた。侍従が「ごくろうさん」と言うと、陛下は「体の具合はいかがですか」と声を掛けてくださった。侍従は私などにも「看護婦さんですね」と言ってくれ、私は緊張した声で「はい」、陛下は「あ、そう」、そして侍従が「ごくろうさん」と労ってくれた。

感動で涙が出た。かつて天皇は現人神《あらひとがみ》。隣にいた婦人会か何かの来賓の老婦人も、「戦争に負けてよかったね。天皇陛下にお会いできて」と涙ぐんでいた。

後で同僚や友人に「なんて言われた?」と尋ねられ、私が「あ、そう」と真似をしたら、「まさか」と言われたものだ。でも陛下は平民と話されたことがなく、会話は侍従と少しだけだそうだから無理もないことだと、私は思った。

ある日、先生方も何名か出席される研修会の名簿を歯科の園田先生と一緒にめくっていた私は、鶴田先生の名を見つけた。川上歯科医院の婿になるはずだった鶴田先生は、天草で開業していたのだった。私は「さよなら」の一言も告げることができず別れてしまった先生に、思い切って会いに行く決心をした。

すぐに私は電車に乗って熊本の街まで服地を買いに行き、高級なデシンの服地でワンピースを作った。その薄いピンクのワンピースを皆に見せたりして有頂天になっていると、親しい先輩看護婦が、「会ったら、いっしょに必ず飯食って来いよ」と、私を送り出した。先輩が言うには、一緒に食事をすると、情が湧くという。その言葉は今でも私の胸に残っていて、交渉に来る人でもお願いに来る人でも、必ず食事かお茶をご一緒することにしている。

さて当日、研修会場の外で、私は遠くからじっと出入口を見つめていた。研修が終わり、会場から次々に人が出てくる。鶴田先生が、こちらに向かって歩いてくるのが見える。私の胸は高鳴った。もう少し近づいたら駆け寄って声を掛けようと思っていると、先生の後ろから女性がやってきた。そして二人で仲良く荷物を分け合って持っている。私はついに声を掛けることができなかった。私のほのかな恋はそこで終わった。

「どぎゃんだった？」と、先輩看護婦。

「どぎゃんもこぎゃんもなか。失恋したとたい」

なお、ずっと後になって鶴田先生と再会し、知ることになったのだが、その女性は先生の妹だった。

「田舎で開業して看護婦もいなくてね、妹を看護婦代わりに使っていた。あそこで君に出会っていたら、国立病院をやめさせてすぐに連れて帰ったよ」

運命とは分からないものである。もし私があそこでもう少し早く鶴田先生に声を掛けていたら、私は天草の人になっていた。

片想い秘めて咲きしか紫の色淡く咲く矢車の花

私はいつも片想いで、自分の思いを相手に伝えることができず、秘めたままなのである。国立病院時代に、もう一つ片想いの恋をした。

機関場という、お湯の出る場所があり、そこでいつも歯を磨いたり顔を洗ったりする、男性がいた。その人と「おはようございます」という一言を交わすために、私は毎朝、早起きして化粧をし、お湯を汲みに行った。

勤務に出る前に部屋の掃除をする雑巾を洗うお湯だろうと、彼は思っていたのではないか。「感心だね」と言った。もちろんたまには、そのお湯で掃除もしたが、仕事を終えて帰ったら、お湯は当然冷めていて、捨ててしまうだけである。

彼は、私が洋裁のできることをどこからか聞いたのだろう、自分のオーバーを裏返してくれないかと頼んできた。昔は物がないから、表が日焼けしてしまった布を裏返して仕立て直していた。

私は「いいですよ」と言って、彼のオーバーを受け取った。ただ、受けてみたはいいが実際にやってみるととても難しく、しまったと思った。けれども一生懸命仕立て直し、焼けて色褪せていたオーバーは新品のようになった。しかしそれまでで、彼とは何の進展もなかった。

誰がために化粧《けはい》ぞしける早乙女の悲しき性《さが》を君は知りしか

第五章

沖縄に戻る

熊本で、私はときどき夢を見た。安否の分からない家族の夢だ。沖縄が玉砕していないことを知り、ようやく本土と沖縄の郵便業務が再開されて便りが届き、親きょうだいが生きていると知った時の喜び。ヤンバルの山の中を逃げ回り、伝染病を媒介する蚊に刺され、食糧難に襲われながらも、生きていたのだ。

だが家族に会いたくても、沖縄は米軍の統治下に置かれ、そう簡単には帰れなかった。ようやく私に沖縄に戻る許可がおりたのは、終戦から六年近く経ってからだった。

昭和二十六年（一九五一）五月一杯で、私は国立再春荘病院勤務を終えた。家族に再会してしばらくしたら熊本に戻るつもりの私だったから、親友の中島夫妻とは笑顔で別れ、上熊本駅から汽車に乗り、下関から白山丸に乗った。今なら大型船でも岸からタラップがあるが、当時は喫水の深い船は接岸できず、岸壁から伝馬船で行って梯子で白山丸に乗り移っていた。

熊本では片想いばかりで失恋続きの私だったが、この船で恋をした。白山丸に乗る時に私が梯子から落ちないように支えてくれた男性にである。彼は奄美大島出身で卒業を目前にした医学生で（九州医専だったと思う）、帰省のために船に乗っていて、すぐにまた日本本土に戻ってインターン生になるという。今のように大っぴらに恋を語り合える時代ではなかったけれど、奄美大島の名瀬港までの数日間、私は胸がときめいていた。

一等船室などの船室は船員が食事を運ぶが、私たちが入る船底の安い船室は、乗客が銘々で食事を運んだ。船酔いで動けない乗客のために、私は食事のお膳を運んであげたが、彼は「重

白山丸

いものは自分が持ちます」と手伝ってくれた。那覇までの経由地、名瀬港が近づくと、またもう一度会いたいからと、お互いの住所を教え合った。私はまた熊本に戻るつもりだったが、しばらくは親兄弟のいるヤンバルにいる予定だったから、大宜味の住所を書いた。

彼の下船は寂しかったけれど、名瀬港を出ると船内放送で沖縄の民謡、チジュヤー（浜千鳥）の歌が流れ、懐かしくて仕方がなかった。思えば八年ぶりの帰郷なのである。

入港は那覇港だったと思う。那覇港は米軍の軍港だったから、入港が那覇港になるか泊港なのか、なかなか決定しなかったようで、迎えの人はウロウロさせられたと後で聞いた。

姉と妹が迎えに来てくれていて嬉しさはひとしおだったが、私は何ともいえない複雑な気持ちになった。これまで住んでいた熊本の人々とまるで違い、色が真っ黒で、口に出しては言えないが粗野な感じが否めなかったのである。けれどもそんな気持ちも束の間で、お互いの無事を確認し再会を喜んだ。

那覇の街は、昭和十九年（一九四四）の十・十空襲で焼き尽くされ、山形屋も無くなっていて、残った丸山号（戦前はデパート）は政府に使用されていた。それでもバラックの他に新しい建物がいくつか建ち、復興の兆しは見えているように思えた。

いとこが安里で果物屋をしていて、そこに皆で宿泊した。平和通りの角にあった平和館に、映画を観にいった記憶がある。たしか田端義夫の歌う「かえり船」にあるような、外地や敗戦から復員してきた人々の映画だったと思う。

翌朝、安里からトラックバスで山原に向かうことになった。

「はいはい、北谷経由石川行き」

案内の声は、次々に客を誘導する。

トラックバスは、米軍から沖縄民政府に提供されたトラックを、簡易的なバスに改造したものだった。荷台の後方に昇降用の階段が付けられ、ホロが被せてある。荷台にはコの字型に座席がしつらえてあり、そこに詰められるだけ押し込まれて出発。埃だらけの道をガタガタ揺られ、石川で今度は名護行きに乗り換える。乗り換え時に見た石川は、かなり賑わいのある都会だった。そこから名護まで行くと、また辺土名行きに乗り継ぐ。このバスができたおかげでずいぶん助かっているとのこと。バスの無い頃は、親指を立てて米軍のトラックを停め、テイクミープリーズと「拾い車」をしていたのだった。

実家の親兄弟は、徴兵された長兄だけが戦死で、あとはみな無事でいてくれた。戦後、那覇や南部、中部からヤンバルに逃げて来た人々を含め、山原の人々も収容所に入れられていたそうだが、私が帰郷した時にはもう自分の家で新たな生活を築いていた。

海軍だった兄は、鹿児島の鹿屋《かのや》にいた時期があり、熊本にいた私とは同じ九州内ということで、文通をしたことがあった。兄から受けた軍事郵便の住所は、「黒木隊　セ　○○」となっていた。だが、いつどこで戦死したのかは家族も分からなかった。

戦時中、茅葺《かやぶき》屋根の家は焼き払われていたが、私の実家を含む二、三軒の瓦屋根の家だけは、米軍が利用するために残されたらしい。軍は使えるものは利用し、そうでないものは燃やしてしまっ

戦後、沖縄に引き揚げて（２列目、右から２人目。父の隣で）

たのだ。それは米軍に限ったことではなく、戦時中、父の船も日本軍に徴用されたという。

ところで、私は幼い頃からノロ（祝女）に憧れていたが、ノロとは別にイナグガミ（女神）という存在があった。ノロは首里王府からの任命制で祭祀を行い、政治的に女性の頂点、土地も財産も与えられた。イナグガミは門中から代々、引き継がれて祭祀を行っている女性である。私が熊本から戻ってくると、私の門中である山川殿内《やまがわドゥンチ》のイナグガミになれという話が持ち上がった。山川御殿のイナグガミは戦前に途絶えてしまっていて、戦後復興させようとしていたのだが、誰もがイナグガミになれる訳ではない。「チブチジンブン、ウチャイナナイ」、器量も人文もどちらも引けを取らないような（こっちからきても負けない、あっちからきても負けない）女性でないとなれないのである。私は大和から帰ってきて、学はあるし色も白くて器量も悪くない、という訳であった。

私は父に言った。「ノロだったらなるけど、イナグガミにはならない」と。

しかし、津波古茶舗という家の後妻が花柳界の人で、ユタなどの占いが好きで「あんたが継がないと災いがおこるよ」と、半分脅しであった。しかし私の辞退の意思が固いと知った父は、彼女にこう言ってくれた。

「こんなにも名誉あるイナグガミを断るということはね、美枝子は向いているというけど向いていないはずだ。美枝子は外しなさい」

父の一言で私はイナグガミになることはなかったが、「ノロだったらなるけど、イナグガミにはならない」というのは私の本心だった。それほどノロには憧れがあったのである。

さて、沖縄と日本の往来は自由ではなく、渡航許可が下りずに戻れなくなってしまった。熊本に戻るつもりだった私は、親友の中島夫妻とは、笑顔で別れていた。「早く帰って来いよ」と言われていたのに、あれが最後の別れになってしまったのである。

ところで白山丸での大島の青年との恋だが、これも成就しなかった。私に手紙が来なかったかと父に聞くと、来ていたが破って捨てたと言うのだ。しかも二度も。なぜ私に見せずに勝手に捨てたかと問い質すと、大島の人と結婚したら困るからと、父は答えた。父の気持ちが分からないではないが、私は彼に申し訳ない気持ちで、心が痛かった。きっと裏切られたと思ったのではないだろうか。そういう訳で、またしても私は失恋したのだった。

私は沖縄で生きていく決心をした。生きるために、まずは仕事をしなければならない。幸い看護婦と助産婦の免許を持っているので、すぐに中部の病院に勤めることができた。

当時、女性の進学と職場は限られていたし、とくに私が育ったヤンバルの田舎では情報が何もなかった。父は、わが子だけでなく他家の子の進学にも金銭的に協力する人だったのに、娘を医科の学校に進学させる発想すらなかった。私も同じで、助産婦は女にとって最高の職業だと思い、看護婦と助産婦の両方の資格が取れたことを喜んでいたのだが、どうせなら医科に進んでおけばよかったと、後々になって悔やんだものである。

沖縄県出身者で初の女医となった千原繁子先生は明治生まれの方だが、彼女は那覇に生まれているから、東京女子医学専門学校という進路の情報があった。私の生まれた田舎には助産婦がいた程度で、女医などは頭の片隅にも浮かばなかったのである。

ところで、私が国際通りを歩いている時、警官にピピピッと笛を吹かれ、注意されたことがある。「車は右、人は左だ」と。本土では反対に車は左側通行で、人は右。言われてみれば戦前、私がいた沖縄でも本土と同じだったから、私は無意識に右側を歩いていたのだった。沖縄は何もかもが米国式になっていた。

平和通り付近を歩くと、「ねえさん、何かもってないねえー」と声がかかった。闇市で交換しようとでも思ったのだろう。ガーブ川の上は板が渡され、ズボンなどの衣料品を売る水上店舗となっていた。むろん簡易的なもので、大雨のたびにガーブ川は氾濫、あたりは浸水を繰り返していた。

沖縄の経済は、米軍基地によって支えられていた。教育の遅れは甚だしく、文化の面でも昔とはかけ離れてしまっていると感じた。仕事も米軍配下の軍作業が多く、特別な教育を受けた一部の人以外は仕事の選択肢が限られ、良い仕事に就くのは難しい。とくに女性の場合は著しい就職難、米軍家庭のメイドに就ければ良い方で、かなりの女性がその職に就いていた。いくつかのライセンスを取得していた私は、幸い就職に困ってはいない。

そういうこともあり私は、沖縄の復興はまず教育ではないかと思うようになった。昼は病院勤務をしながら、夜間の学習塾を始めようと思い立ったのである。

私は熊本でロシア語を少し習っていたから、最初はロシア語と、主に生け花を教えたいと思い、新聞広告を出そうと沖縄タイムス社に行った。知り合いがいたわけではなく、飛び込みである。そのころ沖縄タイムスは、那覇の崇元寺近くで、米軍払い下げのコンセット（カマボコ型の簡易兵舎）で営業していた。

帰途、崇元寺石門前で

「ロシア語の塾を開きます」

そう言う私に、上地一史編集局長が即座に言った。

「ロシア語はやめなさい。ここはアメリカだよ」

私は反論した。

「そんな考え方だから困るんです。日本は、敵国語だからと英語を禁止しました。私が通った高等女学校でも、英語の授業は一週間に一回、仕方なく持たれていましたが、前の授業が英語だったから、次の授業の始めについスタンドアップと言ってしまった級長を処罰したのです。日本の教育は間違っていました。いつの日か、ロシア語も日常会話ぐらいは必要になります」

「こんなにはっきりモノをいう女性は初めてだ」

上地一史編集長は目を丸くした。上地氏も私と同じヤンバルの出身だったから、ヤンバルから来た色が白くて大和口《やまとぐち》（標準語）を使う、気の強い変な女性と思っただろう。面白がってくれたが、強く忠告した。

「ロシア語ではなく英語にしなさい。自分が悪いようにはしないから、これだけは言うこと聞きなさい」

そう諭された私は、コザ尚学院で英語を学び、実用英語と英文タイプを教える塾に変更した。上地編集局長は、自分が悪いようにはしないと言った通り、広告料をまけてくれた。

私は、新聞広告のほか生徒募集のビラを手書きし、講師の住んでいる場所を聞いて、彼らにも通勤路の付近にあちこち貼ってもらった。当時コザにあったタイピングスクールは、みどりタイプ講習所、新隆《あらたか》タイプ講習所だけで、新設のコザ学院にも多くの生徒が入学することになる。

そのころ私は、中部にある病院で働くと同時に、清水建設や隅田建設など、米軍基地建設のために進出している日本企業の医務室にも勤務した。それらの企業は、日本の厚生省の正看護婦免許をもっている看護婦の下に「布令看護婦」を置いていた。

布令看護婦とは、かつて見習い看護婦だった人や、あるいは少し看護の手伝いをしたことがある人など、資格はないが病院で働いた経験のある人を、米国民政府の布令で、沖縄群島内だけで看護婦として認めるというものである。戦争で多くの人が亡くなり、有資格者を確保することなど到底できなかったから、少しでも経験のある人は登用しようと、布令によって与えられた資格だった。戦後は看護婦に限らずあらゆる職業で人材が不足したため、沖縄だけで通用する布令の医者や弁護士などもいた。厚生省の正看護婦免許を持って正看護婦として勤めている私は、とてもいい給料をもらっていた。

さて学院を開設するにあたり、私は越来村（後のコザ）に自宅兼教室を建てるため銀行に融資を申し込んでいた。同郷で同級生だった平良明義氏から「復興資金」の情報を得たためである。明義氏は当時、沖縄群島政府知事の秘書を勤めていた。沖縄群島政府は、昭和二十五年（一九五〇）に沖縄民政府から移行した行政組織で、当時の行政府である。彼はいわば沖縄のトップである平良辰夫知事の秘書という地位であり、復興資金で那覇に瓦屋根の住宅を建てた。そのことを聞いた私も、琉球銀行のコザ支店に復興資金の申請をしていたのだった。

ところが取り付く島もなく却下である。正看護婦免許を持ち、助産婦でもある私は、とてもいい給料をもらっていた。知事の秘書より高収入であり、返済能力もあり、酒もタバコもやらない、それなのになぜ借りられないのかと、銀行の支店長に食ってかかった。理由はなんと「汝の名は女なり」、女性だから借りられないというのだ。そんな馬鹿なことがあるかと思ったが、沖縄はそれほど女性の地位が低く、男尊女卑の社会だった。

どうすればよいかと考えていると、島袋勇正という若い行員が、独身女性では無理だが世帯主になればいいのではないかと、知恵を付けてくれた。よしやってみよう、ここで引き下がるわけにはいかない。妹を扶養家族にし、甥を養子にして世帯主となって申請すると、問題もあったが何とか許可が出た。

私は、復興資金を借りた沖縄初の女性となった。これは誇りにしてもいいかと思っている。古い書類を整理していたら、たまたま「担保付貸付確認書」が出てきて、住所まで書かれているので懐かしく思い出す。越来村越来区二十九班。一九五二年四月十五日の貸付で、担保は建物一棟、当初貸付額は九万三千円である。円というのは、当時使われていたB円と呼ばれる軍票（一ドルは一二〇B円）である。

ちなみにコザという地名は戦後にできたが、その経緯は複雑で、私もコザと書いたり越来村《ごえく》と書いたりしている。戦前の越来村は戦後の一時期胡差《こざ》市となり、翌一九四六年に元の越来村に戻ったが、嘉手納基地などの米軍基地ができて人口も増え、一九五六年の六月にコザ村、一ヶ月後の七月には市に昇格してコザ市となっている。私が通称としてコザと書くとき、正確には越来村の時期もある。

父がまだ元気な頃だったから、コザ学院を建てる時には大いに力を貸してくれた。コンクリートは不足していて、やむなく木造になったが、材木はヤンバルから運んできたし、大工が寝泊まりする仮小屋も作り、大工の食糧もみんな持ってきてくれた。ヤンバル大工は優秀だったから、いい建物が建った。

当時まだコザには、茅葺の家やテント小屋などのバラックしかなく、木造でセメント瓦葺きのコザ学院はかなり目立った。それは生徒集めにも大きく影響したと思う。

タイプライターも入手しなければならなかった。むろん新品など手に入らないから、コザに

コザ学院第１期卒業記念写真（1953年９月12日）（中段右から３人目が私）

軒を並べている、英文字でPARN《ポーン》と書かれた質屋を探し回って、ようやく質流れ品を何台か入手した。当時、レミントン社のタイプライターが一級品だった。

昭和二十八年（一九五三）四月一日、コザ学院は開業した。英文タイプ、実用英語の指導校である。私は経営に携わることにし、講師陣は名城政次郎先生が経営者であったコザ尚学院（英語塾）から紹介していただいた。名城先生は、学校法人尚学学園の現理事長である。

名城先生は戦後、琉球政府立の英語学校を受験して合格し、昭和二十六年（一九五一）の十月に、父親と一緒に那覇尚学塾を始めた。昼間は琉球列島米国民政府（United States Civil Adm inistration of the Ryukyu Islands＝USCAR《ユースカー》）に通訳として勤めながら、夜間の塾を開いたのである。正しい英語を使わないと、琉球人はアメリカ人から低くみられ、地位も向上しないという忸怩たる思いから始められたという。

私も、沖縄の人たちの就職に有利なようにと、コザ学院を始めたわけで、同じような思いだった。私が塾を作るために名城先生のコザ尚学院で英語を習ったことや、コザ学院への講師紹介もご縁となって、名城政次郎先生には後年も何かとお世話になり、助けていただくことになる。

さて、新築の建物、新聞広告、ビラ配り等も功を奏し、多くの学生が入学した。だが肝心のタイプライターの数は限られている。三人で一台のタイプライターを使用した。ワンからワンから、われ先にの状態だ。私が教えられるのは、キーボードのホームポジションと、ＫＳＤＦのキーの位置だけである。

「ＫＳＤＦ、ホーム、はい、交代」

それでも生徒たちは、乾いた土が水を吸い込むように、教えることを吸収していく。

英語の講師は、ほとんどが米国留学の経歴を持っていたが、一人だけ「国民指導員」という経歴だった。

国民指導員とは、USCARが一九五〇年から実施した、人事交流プログラムによる肩書である。占領地域の住民に渡米研修の機会を与えた国民指導員に、各界のリーダーとなって戦後復興に寄与してもらおうという、一種の投資だった。

その講師は、ひたすら繰り返し教えていた。

「アイ・マイ・ミー、ユー・ユア・ユー、シー・ハー・ハー、ヒー・ヒズ・ヒム……」

英単語が千語わかれば、仕事ができる。タイプもしかり。今の塾よりずっと悪い学習環境の中、生徒はみな必死で勉強していた。

軍作業員は、ドーボーという大型トラックに乗せられて基地に出入りした。ドーボーはブルドーザーも運搬できるような巨大なトラックで、百人ぐらいが乗れた。島袋とか胡屋とかの停留所にドーボーが停まり、作業員を乗せていくのである。作業員はゲートで身分証明証のパスを見せる。行く時より帰る時が厳しく、持ち物を調べられた。「戦果」と称して米軍内の品物を失敬し、密売する輩《やから》が多かったためである。

米軍基地内にある日本企業の医務室で働いていた私も、当然ゲートでパスを提示した。ナースと書いてあるから、「オー、ナース」と、すぐに通過できた。私もドーボーに乗ることもあったが、帰りは医務室に出入りするインスペクター（検査官）や通訳の人の車に乗せてもらうこともあった。

余談になるが、私は米軍基地内で自動車の運転を覚えた。インスペクターや通訳が、自分の車を練習用に使わせてくれることもあったし、アメリカのシビリアン（民間人）なども、「自分が教えるよ」と、気楽に教えてくれた。基地内の道路は広いし、多少ぶつけても気にしない大らかさもあって、自由に練習させてくれた。

運転免許を取得したのはそれからだいぶ経った三十代前半だったが、今の人には想像もできない方法なので、書き残しておきたい。実地試験の前に学科に合格しなければならないのは現在と同じだが、試験場に車などの設備があるわけではなく、実地試験には自分で車やバイクを用意する必要があったのである。自分で購入したものでも、もちろん伝手《つて》を頼って借りたものでもいい。しかし免許を持たない人がその車で試験を受けるのだから、係員が受験者を乗せて試験場まで連れて行ってくれるわけである。

さて実地試験場は、今は花街になっている料亭那覇などのある場所だった。当時は建物がない空き地で、十字路や側溝のある道路だけがあって、そこで、「右折、左折、はい止めなさい」など、試験官の指示通りに運転する。

じつは私は学科試験では満点に近く、「女性では珍しい」と言われたのだが、自分で購入した中古車で臨んだ実地試験では、失敗していた。脱輪して溝にタイヤを落としたのである。

「この車はいつも乗っているの？」

無免許の人に「いつも乗っているの？」とは、考えれば変な質問である。

「いいえ初めてです」

試験官には「下手だね」と言われていたので、車まで買ったのに落第したと思った。しかし後でこっそり発表を見に行くと、なんと合格していたのだった。その理由を私なりに考えてみた。

他の人はみんなサバ（草履）を履いて試験に臨み、名前を呼ばれたら返事だけして、挨拶もせず、むくれ顔で乗る礼儀を知らない人も多かった。私はちゃんと靴を履き、「よろしくお願いします」という挨拶もしていたから、試験官としては通したかったのではないだろうか。そういえば最後に「気を付けなさいね」と言ってくれていた。

昭和三十年（一九五五）の七月頃から私は病院と提携し、看護婦・助産婦として働いていた。産むというよりむしろ産まない方法、避妊の方法を教える方に重きを置いた。

あちこちの病院を掛け持ちせざるをえなかった。たとえば、嘉手納にあった山本医院は内科だったけれど、「育児相談」「保健指導」という看板をかけ、私がそこへ行って相談と指導を行う。コザ学院に近い知花にあった嘉陽病院にも行った。昼間は看護婦・助産婦、夜は自分の学校というようにフル稼働だった。

その頃、コザで婦人会館をつくろうと寄付を募ることになった。コザで事業を営んでいた関係で婦人会館建設基金の募集にも関わり、寄付はもち

素人演芸会を終えて（前列右から５人目が私）

ろんしたけれど、一軒一軒少しずつ集めても額は知れている。もっと大きく資金を作るにはどうしたらいいかと考えた。私が素人演芸会でもしようと言うと、皆がそれはいい、やろうやろうと盛り上がる。

当時はまだ空き地がたくさんあったから、そこにテントをたて舞台を設えた。客席は屋根のない青天井で、椅子もない。そんな粗末な会場だったが、娯楽が少ない時代で、しかも大人気の喜劇役者、高江洲六郎の協力指導とあって、大勢の人が詰めかけた。

私は二つの役を演じた。一つは女の子をいじめる継母の役で、客席から石を投げつけられた。女の子に同情した客が口々に、ヘークナーヒンギレー（早く逃げろ）と言いながら悪役の私に投石する、そんな素朴な時代だった。もう一つは喜劇「バサンガー」の、ヤナカーギー（不細工）な男性の役である。その時はみな腹を抱えて笑っていた。

バサンガーには八名の男女が登場するが、二名の美男と二名の美女の役はすぐに成り手があったが、ヤナカーギーの男になる人がいなくて困っていた。しょうがない、私がやると手をあげたのだが、ヤナカーギーは二人必要で、あと一人が決まらなかった。さすがに高江洲六郎はジンブン（知恵）がある。「ヤナカーギー男は、超美人しかできないよ。ほら、この人がこんなに化けられるから」と女優陣をおだてて、あと一名が決まったのだった。

これもまた古い写真が出てきて懐かしいのだが、「コザ市婦人会館建設基金募集第一回演芸会」とあり、昭和三十三年（一九五八）七月十九日の撮影である。たしか胡屋で三日間にわたって開催されたと思う。

夜間はコザ学院、昼間は看護婦・助産師の仕事で大忙し。昼夜となく働いていたが、苦でも何でもなかった。それは私だけでなく、その時代の人はみな、そうだったと思う。

思い出の多いコザの生活だが、私の生活の拠点は結婚によって那覇に移ることになる。コザ学院は昭和三十八年（一九六三）の三月一杯で閉じた。

第六章

主婦となっても働く

那覇に移った私たち一家は、大田政作氏の建てた家に住んでいたことがある。戦後熊本に住んでいた大田氏は、第二代行政主席・当間重剛氏に請われて帰郷し、一九五七年に行政副主席に就任した。そのときに建てた家で、第三代行政主席となった彼は主席公社に移り、その間空き家となっていたのだった。

大田氏の家は、現在の那覇新都心の近くの泊港を見下ろす高台に建っていた。高台は見晴らしもよく最高の場所だった。しかも大田邸は超高級住宅で、当時は珍しい水洗トイレだったし、広い芝生の庭には池もあった。主席公社より良いんじゃないかと思ったほどだった。

そこに私たちが住むことになるとは夢にも思わず、私は戦前のこの場所を知っていた。女学校進学で旭町に住んでいた時である。遠く小高い丘には、戦前、たしか白山病院という名の大きな総合病院が建っていて、白い玉のようなものがピカピカと光り、とても目立っていた。当

主席公舎にて

時、那覇にあった高い建物は百貨店の丸山号と山形屋くらいで、あとは平屋の家と田んぼだったから、旭町つまり今の那覇バスターミナル付近から、泊の高台が見えたわけである。

白山病院の敷地は相当広かったと思うが、そこが空襲で焼け、空き地になったのだろう。院長がヤンバル出身の方だったから、同郷の大田氏に土地を提供したのだと思う。

私たちが大田邸に住むことができたのは、私が大田夫人（好子ねえさん）と熊本で再会し、親密度を増したからだったと思う。主席になってからも、何かあると手伝いに行った。大田主席がハワイから持ち帰ったレイを、主席公社で私の首にかけてくれた写真も残っている。

私が車の運転もできたことで、あちこちの用事もこなした。西銘順治氏が経済局長の頃で、私は大田一家と親しくさせてもらうことで、政財界の方々とも知り合うことができた。皆は私のことを、奥さん付きの秘書か、第三秘書くらいに思っていたらしい。立法院議員だった星克さんに「今日は、美枝子さんはいないの」と問われた大田夫人は、「毎日は来ないですよ」と答えたという。

大田政作氏が第三代行政主席として在任中（一九五九年～一九六四年）、図らずも政界の人々と交流できたことは、私にとって貴重な体験だった。

大田夫人は植物好きで、公社でも何種類もの植物を育てていて、私も手伝ったりしていた。夜しか咲かない月下美人の鉢植えもあり、高等弁務官の夫人が一度、目にして欲しがったのだろう、私はそのうちの一鉢を届けるように言われた。「もうすぐこれが咲くから、持っていってね。あげると約束しているから」と。

届けた場所は、たぶんＲｙｃｏｍ《ライカム》（Ryukyu Command headquarters）ではなかったかと思う。私はすんなりゲートを通れたから、主席公社から連絡がいっていたのだろう。大田主席の在任期間というと、高等弁務官は第二代のブース陸軍中将で、夫人はとても気さくな方だった。

住居には昼間は夫人しかいないわけだから、「ゆっくりしていきなさい」と言ってくれ、クローゼットからたくさんの帽子を出してきて、「あなたはとても帽子が似合うと思う」と、その中から三つを私にくれたのである。そして「帽子はデザインによってリボンの位置は前とか横とか後ろとかいろいろ変わるから、リボンの位置で判断しないで、縫い代のあるところが後ろだと覚えてね」と、教えてくれた。

帽子をもらって帰った時、私は帽子に関する本を買った。せっかく頂いたからには、恥ずかしくない被り方を学んで、自信をもって被ろうと思ったのだ。帽子は西洋からきているのだから、西洋の風俗習慣を学び、さらに相手に敬意をもって被ればいい。本を読んで、日本人は帽子を被るＴＰＯを知らない人が多いと感じた。私はきちんと学んで、誰が何と言おうと、人がどう笑おうと、自信を持って正しく被っているから何とも思わない。そういうわけで、帽子は私のトレードマークになり、「ボウシカンジャー（帽子を被っている）ねえさん」というニックネームまでついた。お洒落はもちろん、上手く使えばセットしていない髪の乱れを隠す役目も果たしてくれるから、実用的でとても便利なのである。

また帽子は服装の一部だから、帽子を学ぶことで、洋服の知識も広がった。夜のパーティーや船のクルーズなどドレスコードがある場合、ドレスとは必ずしも豪華なものを意味しない。上下が繋がっているワンピースであればよく、お呼ばれや食事にも行けるのである。上着とスカートと分かれているものは作業服や職務服という感覚で、正装はワンピース。ハワイだったらムームーでもいい。

ともあれ大田主席の時代には、私も琉球政府の局長夫人や国際婦人クラブのご婦人方とも親しくお付き合いをさせていただいた。国際婦人クラブでは、大田夫人が洋服より着物が好きだったこともあってか、沖縄を含めだいたい日本女性は和服を着用することが多かった。私はいい方々との巡り合いがあり、それは自分を豊かにさせてくれた。

しかし失敗談もある。大田夫人は潮干狩りが好きで、ある日、局長夫人たちも誘って、那覇の沖にあるチービシまで出掛けた。チャーターした伝馬船のような小さな船で、帰りは別の船が来ることになっていた。しかし、夢中になって潮干狩りをしているうちに、急に天候が崩れ、大荒れになってきた。当時は携帯電話などないから、連絡の取りようがない。西銘順治氏の奥さんは優しい人で「大丈夫よ、誰か迎えの人が来るはずだから」と、オロオロする私を慰めてくれた。

帰ってから私は、大田主席に叱責された。「なんで天気のことも考えずに船を出すのだ、浅はかな大宜味女のやりそうなことだ」と。それは当然のことで、局長など多くの要人の奥様方が一斉に遭難ともなったら大変だと、部下の人たちが慌てて船の手配をしてくれたはずである。

ところで西銘順治氏といえば、彼が経済局長の時、たしか立法院議員の選挙だったと記憶するが、新里清篤氏の選挙運動に駆り出され、東村まで行ったことがあった。革新系の強い土地に、積極的に応援に行く人は少なく、私は西銘氏の車に乗せられた。今のようにペットボトルは無いから、要するにミジモチャー（お水を持って付き添う）、あるいはメガホンを持つ係として連れて行かれたわけである。また別の日、大田主席と一緒に塩屋に行った時は、反対派の人に車をパンクさせられたり、私のネッカチーフに後ろから煙草の火をつけられたりと、反対派は過激だった。

津波に行った時も、車でムラに入ろうとしたら青年たちに止められた。それだけではなく、ムラ備品さえ使わせてもらえなかった。椅子も机も謄写版も、私がコザ学院をしていた時に、ムラには何もないからと私自身が寄付をして、当時の宮里盛順区長から感謝状までもらっていたものだった。

そのように革新系の締め付けが厳しい中で、候補者の演説を聴くのは、自民党支持者である私の父と、その友達が二、三人。ほかの人たちは、屋外の福木の陰から聴いていた。聴きたくても、行くなと言われていたのだろう。

さて、結婚して主婦となった私だが、ずっと仕事は持っていた。嫁ぎ先の事業の失敗などで働く必要があったからである

那覇では松尾、松下、古波蔵など何ヶ所か移り住んで茶道や生け花教室もしたが、実のところ、松下で生活をしていた頃は、私の生活が一番苦しい時期だった。子供たちには苦労を見せないようにしてきたが、人間、ずっと良いことばかりではない。誰にでも苦しい時代はあるのである。父からの援助でコザに新築していた三軒の貸家も人手に渡り、急に家賃収入もなくなった。さすがの私も、イナグガミになれと言われた時に断ったから災いが起きたのだろうかと、弱気になったことさえあった。

覚悟を決めて、新聞広告でアルバイトやパートの仕事を探した。一日でも早く元の豊かな生活に戻るため、収入の多い良質な仕事を求め、昼夜を問わず人の二倍も働いた。根っから仕事好きの私にとって、働くことは苦ではなかったのである。

中部の病院の看護婦募集に応募すると、正看護婦の資格を持つ私はすぐに採用された。非常

勤で、配置は伝染病の隔離病棟で、危険手当が付いて、いい収入になった。

消毒や衛生などの知識が相当深くないと務まらない部署だった。隔離病棟では菌やウィルスが蝿などで広まらないように、目には見えないエアーカーテンが設置されていた。今なら珍しくはないエアーカーテンだが、当時は最新鋭の設備で、どこの病院にでもあるものではなかった。そういう最新鋭の設備を備えることができたのは、戦後アメリカ統治下の沖縄だったからである。看護記録もアメリカ式の、カーデックスというものを用いていた。それまで熊本でもどこでも使っていたカルテというドイツ語は、そこでは通じなかった。

この病院の先輩看護婦である島袋さんは、とても優しい方だった。ドイツ式で学んだ私がアメリカ式の名称や処置などに迷うことなく適応できたのは、彼女から指導を受けることができたからである。島袋さんは後に、浦添総合病院の副院長にまでなられたほど、優秀な方だった。

それと前後して、私にはもう一つ職歴がある。平安座島にあるガルフというアメリカの石油会社の看護事務所勤務で、修理工事中だったために、危険手当の付くいい待遇だった。新聞の求人広告には、条件に「英語を話せる人」とあり、私は簡単な会話程度しかできないが、とにかく応募した。「英語は話せますか」との質問には「話せますけど、バット・ナット・ソー・グッド」と答えたが、すぐに採用された。提出書類とされていた英文の履歴書も、その場で私が口述する内容を、面接の係員が英文で書いてくれた。

楽しい職場だった。常勤は三人で、英語が得意ではない私にも、職員や患者が訴える内容は分かった。すぐ近くには消防署もあった。だが、それは万一爆発事故が起こったら大惨事となるからで、怪我人が出た場合は中部病院に搬送することになっていた。幸い事故はなかったし、看護事務所の普段の仕事は大したことはない。目にゴミが入ったと言って来たら、目を洗浄してあげるとか、その程度である。けれども患者はひっきりなしに来た。それは冷房もある看護事務所の居心地がいいからで、消防署の職員も休憩がてらにやってきた。

土日もフル稼働だが、コーヒータイムがあった。コーヒー豆や砂糖、ミルクを、自分たちで事務所に取りに行く。常勤の三人だと量は知れているが、贅沢に持ってきたのは、患者や消防署職員などで大入り満員だからである。釣りをしたからと言って、魚を持って来る職員もいた。アメリカ人だけでなく、掃除婦などは地元の平安座の人たちで、彼女たちも「昨日、潮干狩りで貝とってきたよ」と味付けした貝や、苦菜などの和え物を持って来る。危険手当は付くし、とてもいい職場だった。

私は古波蔵に住んでいて、そこから自分で運転し、泡瀬を経由して平安座島まで通った。今、あの距離をよく通ったと思うが、若かったからできたのだろう。海中道路も今のような立派な道路ではなく、ガードレールも何もない簡易道路で、寒い時期には海から吹き付ける寒風に震えた。

中部の病院やガルフといった危険手当の付く職場で働いて、少し生活に余裕ができた私は、開南で夜学の茶道・生け花教室を開設した。

これも沖縄の女性たちの役に立ちたいという気持ちから始めたものである。免状をとったら彼女たちも仕事ができるだろうと。昼間は看護婦として働き、主婦でもあり家事との両立も大変ではあったが、帰郷して感じていた沖縄の文化や教育の遅れ、その向上のための使命感もあって、続けられたと思う。

茶道は戦前、親にいわれて嫌々ながらやっていたのだが、それが熊本に暮らしているとき教養として役に立ったし、花嫁修業として始めていたお花も、池坊から始まって小原流で家本教授の免状を取得していた。

茶道・生け花教室は、合計で十五年間続けることになった。

三原と松尾で教えていた頃は、生徒から適正な授業料をもらっていたが、開南で開いた教室では、生徒からは材料の実費だけをもらって教えていた。みんな生活が大変だろうという、ボランティア精神の気持ちからだった。ただ、これは生徒のためにはならなかったようだ。彼女たちは特に貧しい暮らしではなく、中には「資格だけ欲しかった」という人もいて、免状をとった後にその仕事をしている人は少ない。

さて明るく前向きに、そして懸命に働いているうちに生活も楽になり、運も開けてきた。病弱で失業中だった夫も、有名企業にエンジニアとして職を得ることができ、家を買うための融資も受けられるようになった。

ちょうどその頃、浦添の牧港に新しくてきれいな家が売りに出た。米国人向けの高級外人住宅で、二百坪を超える広い芝生の庭付きだった。沖縄の日本復帰が近づいてきて継続的な米国人向け貸家が望めなくなり、家主が売りに出したのである。高額ではあったが、夫の給料明細だけでローンが組めるので思い切って購入した。以前私たちが住んでいた大田政作邸は、リビングルームからは池のある芝生の広い庭が臨め、西洋式バスルームや水洗トイレなどを経験した私たちは、いつかこんな家に住みたいと夢見ていたのだが、それが叶ったのである。

私はリビングの高窓を掃出し窓に改装し、庭には池を造った。後に子供たちがみな独立した後は、芝生の庭の一部に小屋を建て、沖縄学院の学生が読書や勉強などができるようにしている。

念願の家を手に入れたのは末の子の昭彦が幼稚園の頃で、広いバスルームの、一畳ほどもある大きな浴槽に水を張り、古波蔵の友だちのカズーを呼んできてプールのようにして遊んだり、芝生の庭でバッタ取りをしていたのが懐かしい。


人間には、学業だけでなく料理でも何でも、何かひとつ特技があると思う。自信を持つことが人生を良い方向に導くのだと、私は思っている。たとえば、てんぷらを揚げたら誰にも負けないという人もいるだろう。親がひとつ自信を持つことができれば、うちの親はこんなことができるんだよと、子も自信を持つことができる。だから、学校でＰＴＡ会長になってくださいと言われたら、引き受けるのをためらわなかった。

昭彦が通った浦添中学校では、ＰＴＡの役員として、催し物などをお知らせする学校だよりというミニ新聞を作った。数人の役員に手伝ってもらってのガリ版刷である。インクで手を汚しながらの作業であったが、学校の役に立てるならばと喜んで協力した。

成功するのは、努力はもちろん、運、そしてチャンスを逃がさないことだと、私は学んだ。苦しい時でも、そのままでは終わらない、必ず起き上がると思えたのは、この教えがあったからである。

チャンスがあればチャレンジしてみる。それが私の生き方で、なつかしく思い出すのは、保母の試験を受けたときのことだ。復帰前のことだが、大田政作主席の頃、年に一度保母の試験が実施されていた。看護婦と助産婦の資格を持っていた私は一次試験が一部免除されるので、これにもチャレンジしてみようと思い立つ。与儀小学校の後ろに南部福祉事務所があり、そこで講習を受けることもできた。

だが、二次の実技試験が問題だった。高等女学校では音楽の時間が一番苦手でオルガンは弾けない。楽譜も読めず、同級生から田舎者のヤンバラーと言われていたほどだった。

実地試験は、琉球政府の近くにあった開南小学校で受けることになっていた。オルガンではなく歌でもいいというので、私は「菩提樹」を歌うことにした。熊本で国立病院の合唱団にも所属していたから、歌った記憶があった。しかし試験はぶっつけ本番である。

泉に添いて　茂る菩提樹

したいゆきては　うまし夢見つ

みきには彫《え》りぬ　ゆかし言葉

うれし悲しに　といしそのかげ……

すらすらと歌えていたのに、途中で一ヶ所つまずいてしまい、そこから歌詞が出てこない。「すみません、最初からもう一度お願いできませんか」と試験官に頼んだ。そして二度目は滞りなく歌えた。

試験官の東江誠忠厚生局長が、「試験をやり直してくださいと言ったのは、あなたが初めてだ。あなたは紙芝居が非常に上手かった。それだけでも充分だから」と、合格させてくれたのである。「いい保母さんになるでしょう」という言葉まで添えて。

看護婦と助産婦、コザ学院の仕事が忙しかった頃のことで、けっきょく保母の仕事をすることはなかったのだが、私にはそうやって何とか食らいついていこうとする癖《へき》がある。

ずっと後年になってからだが、ピアノを習い始めたことがあった。というのは、保育士の資格を取るにはピアノが大変だと沖縄学院の学生がこぼしたことがあり、学生を教える立場として、私も弾けるようにならなければ、と思ったのである。

指導者であった波平清美先生の教え方がとても上手く、楽譜が読めなくても自然に鍵盤に指が置けてすらすら動き、私でも弾けるようになった。このことから、学生にも自信をもってこう話している。

「私にもできたんだから、きっとあなたにもできる。そしてもし保育士にならなくても、将来孫と一緒に、ピアノを弾きながら歌うという、いい思い出が作れますよ」

人生はチャレンジ、これが私の生き方の一つである。

若いときは、琉球舞踊に興味があり、山田貞子先生の門下生となり、楽しくやっていた。同じ門下生の中には

山田貞子先生の教室の発表会（左端の花笠姿が私）

教室をもって先生として頑張っている者もいるが、私も発表会等にはよく参加した。

また、染物と織物にも興味があり、晩年になってから京都のテキスタルスクールで学んできた。それは私自身の趣味でもあるが、沖縄学院の学生達が、クラブ活動に活かせられたら、との思いがあったからである。

沖縄で織物といえば、着物や帯等の布地を織るのが普通で、織巾が狭《せま》く洋服用としては適当ではない。そこで、洋服用の大巾の反物を織るための織機も購入し、指導を始めるつもりでいたが、多忙で時間がとれそうもなく、計画の失敗を反省して諦めることにした。

購入した大巾織機はカナダ製の何十万円もする織機である。私の年齢からして、もう使うことはないと思うので、必要な所で使ってもらうことにした。できるだけ多くの人達に末永く使ってもらうために個人ではなく、できれば団体を優先して寄付したいと思っている。

第七章

通信教育との出会い

昭和五十四年（一九七九）、私は久田病院に正式に勤務した。

すでに五十歳をすぎてはいたが、国立病院や中部の病院での経験から、衛生や消毒に関する知識はもちろん、実技においても誰にも負けないという自負があった私は、「給与は私を使ってみてから決めてください」と言った。

私は、看護婦として最高額の給与を支給された。久田病院にも、沖縄だけで通用する布令看護婦がまだ少なからずいて、正看護婦の需要が非常に高かったのである。

私には、血管注射は一発でできるという自信があった。血管は目で見るのではなく、触れるもの。触れなさい、と若い人には教えた。毛細血管じゃないんだから、触れたらそこを逃がさないようにしなさいと。今はシミュレーションで習うようだが、当時は一発で血管注射のできる人は少なかった。

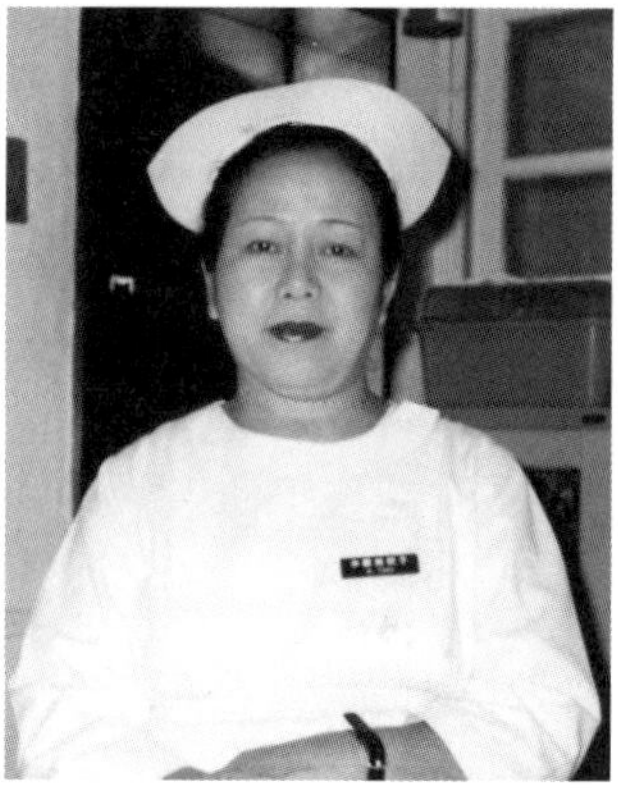
久田病院に勤務の頃

その久田病院に、暴力団の組員が入院した。彼に血管注射をしないといけないのだが、一発で入れんと殺すと脅され、看護婦はみな震え上がって、病室に行くことができない。血圧でさえ怖くて計れないというので、私が担当し、彼に言った。

「あなたは、注射を一発で入れんと殺すというけど、じゃあ一発で入れたら、私はあなたを刺してもいいですか。条件を決めてからやりましょう。一発で入れたら、私に何をしてくれますか」

注射針が怖いのは、臆病者の証拠である。彼は、それから私の言うことを何でも聞いた。もちろんいうまでもなく、血管注射は一発で決めていた。

話はさかのぼるが、コザ学院を経営していた時、父に「結婚しないで職業婦人として生きていくつもりなら、今のうちにもっと勉強していた方がいいのではないか」と言われ、教職免許を取得するために一度上京して日本経済短期大学に入学したことがあった。在京中に明仁親王殿下と正田美智子さんのご成婚があったから、昭和三十四年（一九五九）頃である。まだ世田谷あたりにも麦畑が残っていたのを覚えている。私は昼間の短大だけでなく、夜は津田塾にも通った。しかし新宿の下宿は三畳一間、雨漏りのするわびしい部屋で、私はめずらしく挫折して学業を途中で切り上げてしまい、その後は沖縄に戻ってまた懸命に働いてきた。

熊本にいた時も、看護学校で非常勤講師をしたことがあった。私にとって教師は、憧れの職業でもあった。小学生の頃に先生になりたいと思ったのが原点なのだろう。

私は久田病院に勤めながらも、昭和五十年代に入ると、自分の向学心を抑えることができなくなってきた。きっかけは、「自宅でも仕事をしながらでも学べ、資格を取得したり教養を高めることができます」という主旨の、大学通信教育の広告を目にしたことである。通信教育なら自分のペースで、今の仕事を続けながらでも、勉強できるのではないか。私は通信教育を受けようと決心した。

すでに五十歳になっていたが、学ぶことが好きだった。戦後の沖縄で女性の仕事が少ない中、幸いなことに看護婦と助産婦の免許を持っていた私は、就職には困らなかった。その時から、実力だけでなくライセンスが高く評価されると感じ、機会があれば何かを学び、資格を一つでも多く増やしたいと思うようになったのである。年齢のことも顧みず大学通信教育に興味を持った私に、家族はみな呆れていたが、チャレンジしてみようと思った。

昭和五十二年（一九七七）、まず私が受けたのは、近畿大学豊岡女子短期大学の家政科だった。自宅で学べるとはいっても、職場と家庭を守りながら、年齢的なハンディをのりこえて学ぶには、多くの障害もあった。けっして楽な道ではなかったが、この体験は将来きっと自分に役立つと信じて進んだ。

昭和五十五年（一九八〇）三月、近畿大学豊岡女子短期大学の家政科を卒業した私は、これで中学校の家庭・保健の教職免許を取得した。近畿大学理事長の世耕政隆先生から、近畿大学豊岡短期大学通信教育部の非常勤講師に任用されたのだが、過去に取得していた資格や免許等を加えられての任用であることに、引け目を感じた私は、短大だけではなく、四年制大学を卒業したいと思った。

翌年の昭和五十六年（一九八一）、私は近畿大学通信教育部の法学部法律学科の三年に編入学した。近畿大学通信教育部の卒業資格を得るためには、大阪の近畿大学本校でのスクーリング（面接授業）への参加が必要だった。当時、近大の大阪でのスクーリングは、冷房のない暑い教室で、高窓から入ってくるわずかな風を期待しながら汗を拭きながらの受講であった。決して良好な環境ではなかったし、さらに費用節約のため宿泊は麻雀荘で合宿した。しかし、豊かな環境で学べる通学生活では得ることのできない、大きなものを学び取ることができた。そういう点では幸せだったと思う。

受講生たちは年齢もさまざまだが、志を同じくする多くの学友と出会い、楽しく受講し、学習上の情報交換もできた。多くの学友に助けられ、当時の教職員の期待と励ましに支えられ、私は受講を続けることができたのである。

私の人生の流れを大きく変えたのは、この近畿大学通信教育部の法学部法律学科であった。卒業の少し前、通信教育部部長で後に学校法人近畿大学理事長となる世耕弘昭《せこうひろあき》先生と、御園《みその》生省先生から、「卒業したら、近畿大学通信教育部の沖縄地区学習センター長にならないか?」とのお話があった。

あまりにも重責で、普通なら躊躇するような話だが、私は喜んでそれを引き受けた。熊本にいたとき婦長になれと国立病院の院長に言われ、人間に大切なのは、努力はもちろん、運とチャンスだと教えられた私に、躊躇はなかった。「喜んでさせていただきます」と。

かねてから私は、沖縄に通信教育部学習センターを設置する必要性を、強く感じていた。沖縄以外の他府県には、学習センターでなくても梅友会支部というものがあって、沖縄にもそういう組織があれば、落伍者も少なくなるのにと思っていたからである。

昭和五十九年（一九八四）三月、私は近畿大学通信教育部法学部法律学科を、無事卒業した。看護婦という激務と、夜間の茶道・生け花の教室を続け、子育てと主婦の仕事もこなしながら通信教育を受けて六年。けっして楽な道ではなかったが、卒業と同時に高校社会科の教職免許と、法学士の称号を得ることができたのである。

卒業式では、はからずも通信教育部長の世耕弘昭先生から表彰状を賜ることになった。壇上にあがるとき体が震え、とめどなく流れる涙で先生のお顔が見えなかった。あの時の感激を、今でも忘れることができない。その時、私は卒業した後も、近畿大学の発展のために尽くそうと心の中で誓った。

その年の四月、私は近畿大学通信教育部沖縄地区学習センターの、初代所長となった。

通信教育は自学自習が多くなるため、どうしても孤独になりがちで、挫折することもある。

スクーリングに引率（前列右から３人目が筆者）

どうすればこれを防げるか。私は学習会長も引き受け、沖縄県在住の近畿大学通信教育部在学生の世話役になった。週に一回、学習会を開き、大学の講師や知識人を招いて聴講できるようにしたり、お互いのはかどり具合を確認したりするなど、交流の場をつくった。自宅を無料開放して助け合いながら共に学べる場を与え、落伍者が出ないように助言をし、大学本校のスクーリングに出席させるように力を尽くした。

学生の各自の事情は、さまざまに異なる。家庭を持っていたり、仕事の都合があったり、経済的に苦しかったりと、大阪の近大本校のスクーリングに出るのは簡単ではない。私は情熱をかけて彼らを説得し、旅費を立て替えたり航空券を安く入手したりも

近畿大学通信教育部法学部のスクーリングに学生を初めて引率（左から２番目）

した。自家製のおにぎり弁当を作って食べさせながら、自ら引率して行ったものである。また大学にお願いして、地方スクーリングを沖縄で実施したこともある。

昔の写真を見ると懐かしい。センター長になった年に、司書コースの聴講生を引率してスクーリングに出席させたときの写真である。この中から実際に図書館長や司書教諭になった人が、何人もいる。

沖縄地区学習センターができる前、どこかの講習で司書補までは資格がとれたが、司書の資格はとれなかった。当センターで学び、近畿大学の聴講生になって、司書の資格が取得できるようになった意義は大きい。

私は、どうしても当センターの学生に司書の有資格者になってもらいたくて、一人から毎月五百円だけをもらい、ほぼ無料奉仕で授業を行った。私は、沖縄での地方スクーリングの関係で琉球大学の教授と知り合うことができ、機械を使う授業は、幸いにも琉大の設備を借りて行うことができた。

センター所長になって二年目の昭和六十年（一九八五）四月、私のことが沖縄の新聞にインタビュー記事として載った。

私は、近畿大学通信教育部の沖縄地区学習センター所長として、通信教育を世間に知ってもらう機会になればと、取材に応じていた。そして当学習センターで学び通信教育で取得できるライセンスを紹介したあと、次のように語った。

「受講生は、それぞれの自宅や学習センターで勉強を続けています。多いのは四十代。皆さん、最初は年齢を気にしていらっしゃるんですが、私が五十歳で始めて卒業した話をすると安心して入学してくださいます。学ぶのに遅すぎるってことはないんじゃないでしょうか」

さらに、このセンターの所長職もボランティアで行っており、センターの維持費として月々一人五百円を徴収しているだけだということを話した。

「卒業生の喜ぶ顔を見ることができればそれでいい。どうせ、お金はあの世には持って行けないでしょ」

マスコミの力は大きいもので、私は一時注目された。また、近畿大学通信教育部のピーアールにはなったと思う。

しかし、学生から徴収しているのが一人五百円のみと語ったことが、誤解を受けてしまった。これは近畿大学本部から大きな収入を得ているのだろうと、思われたのである。実際には本部からは一銭の収入もなく、本来なら学生から適正な授業料をとるべきだったのだが、私は安易なボランティア精神を発揮してしまっていた。

開南茶道・生け花教室の時もそうだったが、ボランティア精神が受講生のためになるとは、けっして言えないことを、私は思い知った。人はそれなりの対価を支払えば、投資した分、一生懸命に学ぶ。なにより私が人のためだと思っ

近大豊岡女子短大通信教育部　沖縄地区学習センター開所式・入学式（昭和60年）

てしたことを、どこからか大金が出ているからだと誤解されれば、誰のためにもならないのである。

ところで、茶道と生け花について、記しておきたいことがある。私が生け花教室を始めた頃には、まだ小原流の沖縄支部はなかった。私は役員になって沖縄支部を結成した。復帰の前年、昭和四十六年（一九七一）のことだった。

そんな経験もあって、昭和五十七年（一九八二）には、役員となって浦添市文化協会を発足させた。浦添市文化協会は、毎年秋の文化祭には生け花や書道、写真などの作品を展示したり、琉球の茶道「ぶくぶく茶」を実演するなどし、また『うらそえ文藝』を発刊したりと、活発な活動が続いていて、嬉しい限りである。

茶道に関しては、江戸千家の沖縄支部を発足させた。必要な書類は私が準備した上で、私自身はいろいろ仕事を

昭和61年の入学式

持っているから支部長にはなれないと断りを入れ、諸々の手続きを済ませたのは、昭和六十年（一九八五）頃だったと思う。

近畿大学通信教育部の沖縄地区学習センターの話に戻るが、最初は牧港交差点の近くにあるビルの一室だった。一階には牧港電気が入っているビルで、二階に事務所だけを借りていた。昼は久田病院で働き、夜間はまだ茶道・生け花教室で教えていたが、そのころ私は、さらに那覇にあった専門学校で非常勤講師もしていた。

しばらくすると、その専門学校で、豊岡短大の上田事務長からこう頼まれた。「通信教育部家政科二年生の学生が五名しかいなくて引き合わないので、辞めることになった。ついては、その五名の学生を引き取ってくれないか」と。私は、とんでもないと断った。私は近大の学習センター所長である。近大は親学校、豊岡は姉妹校、そんな義理を欠くようなことはできない。じゃあ、もし近畿大学本部が承知するならいいかとしつこく聞かれ、また自分がこの足で近大まで行って話を付けてくると言われたので、私は「大学が承知するなら」としぶしぶ答えておいた。

私が浅はかだったと反省したのは、専門学校の五名の家政科の学生を引き取る前に、私自身で近畿大学本部に問い合わせをするべきだったことである。豊岡短大家政科が新規の学生募集を始めると豊岡から連絡があったので、早とちりの私はてっきり近大本部は了承済みだと思い込み、専門学校の学生五名を引き受けた上に、新規に募集もしたのであった。

そして事後、書類を出してから、当時の近大通信教育学部長だった世耕弘昭先生が知ることとなったのである。弘昭先生は「上田くん、君はうちのセンター長を横取りしたのか」と怒ってしまった。

取り返しのつかないことをしたと委縮した私だったが、さすがに弘昭先生は人格者であった。上田事務長に気づかれないよう、私に「上田事務長は、何でも積極的で仕事もよくできるが、敵も多い人だから君が助けてやれ」と、思いやりの言葉さえかけてくださったのだった。

弘昭先生の言われるように、上田事務長は普通の人ではない。野心家で、自分の計画した仕事の夢の実現のためには、誰に何と言われようが笑われようが、茨《いばら》の道であろうが突き進んで思いを果たす。この世に稀にみるような強い方だと思う。であるからこそ、母校大学の一事務長から豊岡短大の学長となり、そして学校法人大学の理事長にまで上り詰めることができたのである。

私はその後、弘昭先生のご指導、ご指示を受けながら近畿大学本部のことだけではなく、豊岡短大の仕事にも力を入れられるようになった。

専門学校でも五名しか入学させられなかった豊岡の家政科である。並大抵なことでは学生は集まらない。大学に損失を与えてはいけないと思った私はあちこち走り回り、「娘さん、入学しませんか」あるいは「奥さんはどうですか？　ご主人は？」と奔走した。するとその甲斐あって、女子短期大学に、なんと男性も含め三十名もの学生が集まった。全国的に家政科は拒否されがちな時代だったから、「専門学校でも五名しか入学させられないのに、どうして君は三十名も入学させられたのか」と弘昭先生に褒められ、親学校の近大は、結局のところ大喜びである。その後、私はひたすら上田事務長の敷いたレールの上を走らされ、まるで魔法にかかったように、いつの間にか学生募集のプロのセールスマンに仕立て上げられ、学院の経営者にまで祭り上げられたのであった。

もう病院との掛け持ちは無理となり、昭和六十年（一九八五）に、久田病院を退職した。退職日の記録をとっていないのが残念ではあるが、幹部との送別会の写真の日付は十二月二十六日とある。

退職の挨拶に院長室に行くと、院長はこう言われた。「あなたはもう若くはない。その年齢になって大和人《ヤマトゥンチュ》と組んで仕事をするそうだが、大和人は怖いよ、しまったと思ったら無理せず、

八重山地区学習所の入学式で挨拶する筆者

いとこの神山ウシ（右）と

いつでも帰ってきなさい」と。看護婦という本職を捨ててまで、いつ使い捨てされるか分からない道に進むのに不安がなかったわけではない。もっと早く院長のこの言葉を聞いていたら、久田病院を辞する決心はしなかったのにと涙がこぼれた。

しかし感傷に浸っている暇はなかった。今度は三十名もの学生の学習場所の確保に奔走することになる。一時は公民館を借りたりもしたが、ようやく大永建設のビルを借りることができた。ホームセンターさくもとの近くで、今は大きなパチンコ屋になってしまった場所だが、駐車場も広くてずいぶん助かった。その後、近大本部の図書館司書コース、短大商経科コースだけでなく、法学部の学生も入学させるようになり、ますます多忙になっていった。

私は、学校関係や各種団体の職務で、さらに忙しくなった。いくつかの役職にも就いた。昭和六十三年（一九八八）四月一日に就いた役職だけでも、浦添市てだこ学園大学院非常勤講師、学校法人近畿大学本部校友会常任幹事、学校法人近畿大学通信教育部梅友会参与、相談役などである。

この昭和六十三年（一九八八）に、沖縄地区学習センター長として画期的な事業を始めたこ

宮古毎日新聞　2012年（平成24年）8月9日　木曜日

近大通信教育部

直接授業で保育学ぶ

宮古の保育園でスクーリング

近畿大学豊岡短期大学通信教育部こども学科のスクーリング（授業）が4、5の両日、平良のカンガルー保育園で行われた。保育助手ら17人が受講し、普段の通信教育では経験できない直接授業によって保育についての理解を深めた。

同大学の通信教育システムは、同園の下地涼子園長と心愛保育園の砂川美恵子園長らが同大学に働き掛けて実現。宮古島で働きながら学習できるシステムとして注目を集めている。

スクーリングも定期的に行われるため、受講生はより充実した環境の中で学習することができる。宮古島市の保育士不足の解消も期待される。

今回のスクーリングでは沖縄学院（近畿大学豊岡短期大学通信教育部の教育連携校）の非常勤講師・神山浩子さんが講師を務めた。

神山さんは登園した園児の表情や態度を観察することの重要性を指摘。「声掛けがとても重要。子どもの声に耳を傾けて聞いてあげること。その状態に気付いてあげることで、子どもは『大事にされている』と感じることができる」と話し、保育士として子どもと接する際の心構えを強調した。

受講生は講義や実技指導を通して保育士として必要な資質の理解に努めた。

神山さんの講義や実技指導を受ける受講生＝5日、カンガルー保育園

離島で保育士課程学ぶ

近大連携
沖縄学院

経済、時間的負担軽減

働きながら保育士の資格を取得してもらおうと近畿大学豊岡短期大学通信教育部こども学科のスクーリングが4・5の両日、市内平良西里のカンガルー保育園で開講した。今年度から保育士不足の解消や離島受講生の負担軽減などを目的に誘致。保育園などで働く20～50代の17人が入学して2年間、資格を目指して沖縄本島から派遣される講師の授業を受ける。

このスクーリングは同大学連携校の沖縄学院（浦添市・多喜美枝子校長）が実施。これまで離島から受講するには本島へ行かねばならず、経済的にも時間的にも負担が大きかった。以前、宮古でも行われていたが同園の下地涼子園長、心愛保育園の砂川美恵子園長らが誘致して久々の再開となった。

今年度から3カ年だったカリキュラムが2カ年に短縮された。受講生は出張授業のほか教科科目のレポートを提出し、宮古で試験を受けて保育士、幼稚園教諭などの資格取得を目指す。今回は同学院の神山浩子さんが授業を行った。

自身も同スクーリングで学んだ砂川園長は「働きながら自宅から通って勉強できる。本島へ行く経費を削減し、保育士不足の解消につながる。また学生同士が互いに励まし合い絆を深めながら学べる」と利点を挙げ、「保育助手や福祉関係で働く保育への意識の高い受講生が多い。今後、保育に興味のある人はトライしてほしい」と話す。

働きながら資格を

スクーリングの出張授業を受ける受講生たち＝5日、カンガルー保育園

不足解消つなげたい

とを、ここに記しておきたい。近畿大学豊岡短大通信教育部の、八重山地区集団学習所の開設である。離島からわざわざ沖縄本島まで出て来ることなく、地元でスクーリングも受講できるようにとの思いから、離島の集団学習所を開設した。

八重山地区集団学習所の入学式に私が行った時、開設を誇りに思った私のいとこの神山ウシが空港まで迎えに来てくれ、ずっと一緒に学習所の宣伝をしてくれた。私は八重山の方々に歓迎され、入学式で私が挨拶をしている写真には豊岡短大の上田先生も、立法院議員もいる。写真には、横断幕にきちんと「昭和六十三年度」と書かれている。

平成三年（一九九一）には、宮古にも近畿大学豊岡短大通信教育部の学習所を作り、家政科、幼児教育課、法学部法律学科を開設した。私は自ら教師を連れて行って、現地でのスクーリングも実施した。家政科・幼児教育課の卒業生は、八重山学習所が七十八人、宮古学習所が八十六名、法学部の卒業生は、八重山・宮古の各五名ずつである。

卒業生には、保育園長や保育士としての勤務者も数多くいる。そして今でも卒業生の支部、近大校友会、梅友会、豊梅会の活動が続けられている。八重山教室の責任者は西表すゑさん、宮古教室の責任者は前泊シゲ子さんで、長いことお世話になり、卒業生からも感謝されている。

私があえてこれを強調するのには、訳がある。実は二〇一六年の新聞紙上で、一つの記事を目にしたからだ。そこには、ある専門学校が保育専門学校石垣校を開設し、通信教育や講師派遣で保育士資格や幼稚園教諭免許が取得できるとあり、「離島初の試みである」と書かれていたのである。その記事を読んだ、わが近畿大学豊岡短大通信教育部の卒業生から「離島初というのはおかしい」と私に電話があり、新聞社に抗議してくれと言われた。私は、「昔のことだから、新聞記者も分からなかったのでしょう」となだめたが、卒業生にとっては大事なことなのである。それで私は、この拙著できちんと実績を記しておこうと思った。記録というのは実に大切で、おろそかにしてはいけないのである。事実、離島初とされた二〇一六年以前、宮古の新聞に近畿大学豊岡短期大学通信教育部が紹介されている。「直接授業で学ぶ　宮古の保育園でスクーリング」「離島で保育士課程学ぶ　経済、時間的負担軽減」という記事である。

宮古・八重山両離島の学習所には、当時学長だった上田先生も出張して憲法などの講義を行っていた。台風に遭って帰れなくなったことも二度ほどあった。入学希望者がゼロになるまで長く続けることができたのは、現地の非常勤講師や卒業生の協力もあったからこそであり、これも感謝である。

第八章

沖縄学院を創る

いくつになっても学びたい人はたくさんいる。しかも戦争で学業を中断せざるを得なかった世代が定年を迎える頃になり、生涯学習が盛んになってきた。昭和六十三年（一九八八）、浦添市は「てだこ学園大学院」を開設し、六十歳以上の人に学ぶ場所が提供された。

その数ヶ月前だったと思う。私は、てだこ学園の事務職員から、豊岡短大の要綱を見せてもらえないかと相談を受けた。「浦添市で予算がついたということで急遽学院はできたものの、じつはまだ肝心な要綱がなくて、格好がつかない。しかし琉大などに頼めるものではなく、多喜さんにしか頼めない」というのである。私はすでに浦添に住居を移しており、お茶やお花を教えている関係で浦添市の市長や議員とも交流があったし、浦添文化協会も役員となって設立させていた。それで近畿大学沖縄学習センター所長、多喜美枝子の名前が出たのだと思う。

私はすぐに豊岡短大の要綱を参考にして、てだこ学園大学院の要綱を作成した。

そんなわけで、昭和六十三年（一九八八）四月、浦添市てだこ学園大学院の非常勤講師を勤めるようになった。

私は断ることをしないから、仕事は増える一方だった。そんな忙しい中で、沖縄学院を立ち上げることになる。

平成三年（一九九一）九月十五日、県知事の認可が下り、沖縄学院がスタートした。近大通信教育部学習センター所長だった私が、自分の学院をもつことができたのである。

前述したように、私は近畿大学豊岡短期大学通信教育部家政科の非常勤講師を務めているので、短期大学の家政科卒というだけでなく、四年制の家政科を出るのが、学生に対する礼儀ではないかと思うようになっていた。すでに六十歳を過ぎてはいたが、まだまだ学ぶ気は衰えなかった。

しかし現実は厳しいものがあった。一家の主婦でもある。やる気はあっても時間がなかなか作れず、自分自身の学習が遅々として進まない。

その上いくつも役職についており、あちこちの非常勤講師も勤めていた。その中で特に思い出深いのは、沖縄県青色申告会連合会の会長である名城政次郎先生から頼まれた、社団法人沖縄県青色申告会連合会の女性部長である。

忙しくてとてもできないとお断りしたのだが、「一度あなたがやれば、次の人からやり易くなる、あとは次々希望者が出てくるから、一年でも二年でもいい」と畳みかけられた。ほかでもない名城先生の頼みとあって、初代の女性部長となった。

私の任期中に改善したのは、予算の管理である。当時、予算は沖縄県連合会の事務員が管理していたので、女性部の予算は女性部で管理したいと申し出た。これは、全国ではそのようにしているのに沖縄は遅れていると、部員からの強い要望を受けてのことだった。すると「多喜先生はお金のことで文句を言う」と、事務職員からの反発もあったが、そのように改善された。

名城政次郎先生は人格者で、男尊女卑が根強い沖縄にあっても、男女対等に扱ってくれた。結局ほんの一、二年のつもりが、私は二期八年も女性部長を務めることになってしまい、退任前のことだが中央の大会で、「沖縄の青色申告会は、名城先生、多喜先生と二人も教育者がいて、レベルが高い」という褒め言葉もいただいた。私は女性部長を辞めた後も、平成十三年（二〇〇五）六月まで、北那覇青色申告会の理事を務めた。

女性部長をしていて多忙を極めている時期に、一つの大きな話が持ち上がった。自校ビルの建設である。沖縄学院の場所はまだ大永建設ビルのままで、賃借料は光熱費等を入れると、月に五十万円ほどにもなった。それならば思い切って自校のビルを建てた方がいいのでは、という話になったのである。

大永建設ビルでの沖縄学院

土地を探しているうちに、土地付きの建物を売るところもちらほら出てきた。バブル崩壊が始まった頃でもあった。そして名城政次郎先生が、銀行が売りに出している土地付きビルがあるという情報をくれた。売りに出ている物件は、元は設計事務所のビルで、那覇での事業に失敗して差し押さえられていた。銀行は、競売にならないうちに任意売買で売りたいという。しかし土地とビルを合わせて一億円をはるかに超えていた。

さすがの私も考え込んだが、名城先生は「私が保証する。良い物件だから買いなさい」と勧める。「それなら保証人ではなくて、クチノカシーしてください」と頼んだ。安く買えるように口添えをしてくださいというわけである。すると先生は銀行にこう言った。

「この人は金持ちだから現金で買うよ。だから安くしなさい」

銀行としても現金での購入の方が、大蔵省（現在の財務省）の検査が入る前に早く片付いて助かる。ビルにはすでに二社から購入の申し込みがあったが、両社ともローンであったことから、現金購入の私に決めてくれた上、値引きもしてくれた。

しかし全額現金となると、手持ちの現金ではとても足りない。そこからいろいろと知恵を出して助けてくれる人たちが現れた。

私は一回に一千万円ほどの学費を大学に送金していた。一クラスで八十人とか百人以上の学生がいて、受講料が入ったら、それをすぐに送金していたわけである。当時、沖縄銀行に勤めていた私の甥が、「それを何ヶ月かの定期にしてから送るというのはできないか」と言った。「三ヶ月か半年くらい置いて送金すれば、その間利息で儲けられる」というのである。

大学に問い合わせると、どこでもそのようにしていて、私のように馬鹿正直に急いで右から左へと送金しなくてもよかったのだった。三ヶ月や半年間の定期の利息で、購入代金の一部は確保できた上、後には利息だけでだいぶ貯まることになった。大学から一銭ももらったわけではないが、この利息は大学からもらったのと同じだと私は恩を感じている。

時期もよかった。今の時代と違って昔は利率が高かった。バブル期の好景気に入る前ごろから、郵便局には十年預けたら約二倍になるという商品まであって、私はあと二年で十年になる定額預金があった。自校ビル購入資金のためそれを解約しようとすると、郵便局の若い職員が言った。

「いま解約したら損ですよ。こんな高利率の商品を解約するより、いまの利息はしれているから、借りた方がいいです」

なるほど、それはそうだと私は納得した。この職員はさすがに仕事のできる人で、だいぶ後の話だが局長にまで昇進した。私はその時の恩義から、彼が局長になった郵便局に、わざわざ定期預金を開設しに行ったこともある。

また、沖縄学院の卒業生が何人か銀行に勤めていて、私はそのお付き合いであちこちの支店に少額ずつ預金をしていた。そこで毎日走り回ってそこからかき集め、さらには嫁の母親からも借してもらった。この頃、私が金の工面で困っているのを知った青色申告会の事務職員が、「自分が結婚する時に持ってきたお金が五百万円あります。このお金を借りて使ってください」と言ってくれたこともある。借りることはなかったが、その申し出は今でもとてもありがたく思っている。

全額ではなかったが、かなりの現金を用意できたことで、不足分は根抵当設定にしてもらうことができた。土地は息子の名義で私が保証人、建物は私の名義で息子が保証人というようなタスキ掛けにし、三年返済とした。銀行は利息で稼ぐわけだから、そんなに早く返してもらったら困ると言われたが、それよりも早く返済できた。

そのようにして自校ビルを取得することができ、十年ほどお世話になっていた大永建設ビルから、沖縄学院は現在の場所に移ることになる。平成九年（一九九七）四月であった。

平成十四年（二〇〇二）九月、私は日本女子大学通信

筆者が学校長を務める沖縄学院。1997年に現在の地（浦添市牧港）に移転

教育部家政学部の生活芸術学科を卒業した。

私がその学科に入学した時期は、かなり前にさかのぼり、沖縄学院の認可が下りてスタートした頃だった。学生に対する校長の礼儀として、せめて家政学部の四大卒の資格をとりたいという気持ちから入学していたのである。

しかし思いがけず青色申告会の女性部長や、自校ビル取得など、いろいろな事情で時間をとられている間に、「情報」という科目がネックになってしまった。以前ならレポートだけでよかったのに、世の中の動向で履修内容の見直しが必要となり、パソコンの実技が入ったのである。七十路《ななそじ》を迎えた私が、パソコンと格闘する羽目に陥った。

何度も挫折しそうになったが、ここで諦めたら何にもならないと、初志貫徹した。ワードとエクセル、この二つのソフトを使えるようになった私は、後になって「ワードだけでパソコンできると思ったら困るよ、大間違いだよ。エクセルできて初めてパソコンできると言いなさい」と、大学事務員にも偉そうな顔をすることができた。当時はまだ事務員がワードしか使えなくても、大きな顔ができる時代だった。

情報の単位を取るには、パソコンの実技のほかに、「進数」をマスターしなければならなかった。二進法とか十進法とかの、進数である。難しかったが、自分で作った方程式のようなものを用いると簡単にできるようになった。同級生に「これとこれをこうしたら、すぐ出るさあ」と教えると、みんなに「先生、先生」と持ち上げられて、進数の先生とまでいわれてしまった。

さらに、この情報の授業よりも前に苦労したのは、英語だった。そこで日本女子大の本校のスクーリングを受ける前に、FM放送局に勤務している嫁・博美の友人である英語に堪能な方の指導を受けた。彼女は親切にも、私が東京に発つとき、「これとこれはまだ教えてなかったから」と空港にまで駆けつけてくれた。

そうして東京でのスクーリングに臨んだのだが、この先生はなかなか合格させないという評判の先生だった。最初に「Hello, everybody」と英語での挨拶が始まった。続いて学歴や経歴もすべて英語で話し、終わると「誰か私の話を訳してください」と言った。

学生はみな委縮してしまい、誰も手を上げない。私は「先生、私にさせていただけませんか」と手を挙げた。内容を全部理解できたわけではなかったが、ツボだけは押さえられたからである。

「私はあなた方のスクーリングのために、今日は夫の理解を得て、息子をベビーシッターに預けて来ました」と訳し始めた私は、「先生の経歴はたくさんおっしゃいましたけれども、全部はよく分かりませんでしたが」とつなぎ、「だけど to to many education」と強調して形容した。そして最後に、「可愛い息子さんを置いて私たちのためにここに来られた。幼いお子さんを置いて、先生も大変だったですね」と結ぶと、他の若い学生たちから拍手が起こった。

私は長い人生経験で、掴みどころ、押えどころは知っていたし、最初が肝心だと思っていた。最初に五〇点でも稼いで、次は一〇点でも二〇点でもいいと。二日間、授業でいろいろ教えてもらったけれど、やはり最初に点数を稼いでいてよかった。

私は出張時の電車内でさえ、熱心に英語を勉強していた。だが、新幹線の指定席をとっていたとき、知らない中年男性が「感心ですね」と覗き込むので怖くなった。その時から指定席ではなく自由席にした。自由席なら途中ですぐに移動できるからである。

私はいくつもの役職を兼務しながらも、そのように努力を重ね、十年近くもかけて日本女子大学通信教育部家政学部、生活芸術学科を卒業できたのであった。

手前味噌になるが、沖縄学院の卒業生で活躍している人は大勢いる。実力と常識もあるのに、諸事情により教育が受けられなかった人が、学歴に大学卒業と書くことができれば、自信と誇りを持つことができる。それだけでより一層のステップアップが可能な場合もあるのである。当学院で大卒の学歴を手に入れ、政治家や沖縄の経済を担う企業のトップになった人も多いし、その中でも保育園の経営者となった人は数多い。教育者になった人もいるし、叙勲を受けた人も何人かいる。

また保育関係の卒業者は、九〇パーセント以上が保育士になっていて、今の保育士不足の時代にも貢献できていると思う。

もちろん受講生がすべて順調に進むわけではなく、勉強嫌い、スクーリングが嫌いと、何度も挫折しかけた人もいる。それでも私は根気よく指導して、卒業させることにしている。卒業したという実績が、その人の自信にもなるからである。

私自身は「チャンスを生かせ」と教えてもらった。けれどもその言葉が通じる人もいれば、通じない人もいる。入学を踏み切れないでいる人には、「あなたの人生は、あなたが決めるもの。迷うんだったら家で考えてきなさい。入学してもいいし、しなくてもいいよ」と言う。すると大抵の人は翌日、「入れてください」と入学を希望してくれた。

また私は、金銭的に厳しい人には、個人的に旅費を立て替えてあげるようにした。払えなかったら、卒業後に働きながら払ったらいいからと。卒業して就職する保育園にスポンサーになってもらうよう、交渉する場合もある。職場は、人が育てた保育士をとるのではなく、自分で保育士を育てないといけないと思うのである。

第九章

八十路を迎えてなお

忙しい人生である。八十路《やそじ》を迎えても役職を頼まれるし、自分自身の学習欲も衰えなかった。平成二十二年（二〇一〇）四月一日、学校法人近大姫路大学通信教育部の非常勤講師を引き受けながらも、私はまた受講を始めた。栄養と料理専門コースである。このコースはずっと受けたいと思っていたものだった。

私は助産師、看護師、社会福祉士、養護教諭、幼稚園教諭、保育士などの資格で非常勤講師を続けているが、栄養学については疎い。私の免許、資格で可能なことは教えたけれど、栄養学についてはあまり知識がなかった。これからは食育がさらに重要になる。もっと勉強しなければならない、薄い知識ではやっていけないと思っていた。

しかし実際に受講すると、とても難しいものだった。化学の知識が必要で、分子などの化学式も書かなければならない。息子や孫に教えてもらったり、孫の婿の安部氏にまで習ったりした。分子式の図を書いたりして、今まで知らないことを学び、とても勉強になった。レポートを書くのも難しかったが、私が書いたものを、沖縄学院の事務職員に浄書を手助ってもらったこともあった。

平成二十四年（二〇一二）の十月二十四日、八十も半ばになって、東京の女子栄養大学通信教育部の栄養と料理専門コース課程を修了することができ、食生活指導士の資格を取得した。受講してよかったことはいくつもあるが、中でも特に、「葉酸《ようさん》」について知ったことは大きかった。葉酸は、日本では近年まであまり知られていない栄養素だったが、外国では非常に重要な栄養素だと注目されていた。

葉酸は水溶性のビタミンB群の一種で、代謝に深く関わっている。また新しく細胞がつくられるときにも必要で、赤ちゃんや幼児にとっては必要不可欠なものであった。それだけではなく、近年の研究では生活習慣病の予防にも大切な栄養素であることが分かったのである。最近は日本でも認知度が高くなり、パンや牛乳でも「葉酸入り」と表記されるようになってきた。

葉酸は多くの栄養素のうちの一つであり、それまではあまり気にかけたことはなかった。しかし、私たちを健康で元気にするために必要な栄養素のひとつが葉酸で、その働きを知ることで葉酸に興味を持ち、他の栄養素との関連も考慮しながら栄養のバランスのとれた食生活を保つようにつとめている。

栄養と料理専門コース課程を修了し、食生活指導士という資格を取得した私は大学講義やスクーリングの講義でも必ず葉酸のことを話すようにした。これからは葉酸が必要な時代ですよと。そのように、学ぶことによって目が開かされる。だから私は学ぶことを止められないのだと思う。

私は八十代の後半になってから、自衛隊関係からの感謝状をいくつかいただいた。

平成二十五年（二〇一三）年九月九日、陸上自衛隊西部方面総監から、西部方面総監感謝状。平成二十六年（二〇一四）三月二十八日、自衛隊沖縄地方協力本部長感謝状、同年九月二十六日、陸上自衛隊高等工科学校長感謝状である。

これらの感謝状は、私が昭和五十九年（一九八四）から、陸上自衛隊高等工科学校全国生徒育成会の理事兼沖縄県支部長をしていた関係でいただくことになった。

自衛隊の高等工科学校は、中学を卒業した十五歳からの入学で、戦前でいえば、士官学校の前の幼年学校のようなものだ。私は生徒育成会の沖縄支部長として、何かとその少年たちの世話をした。今なら携帯電話もあるが、昔は簡単に電話すらできず、旅費も高くて沖縄と簡単に行き来もできなかったから、子離れできない親と親離れできない子との間を、取り持つ役目をしたのである。

私が沖縄県支部長になった時、前の支部長はほとんどが二年ほどで交代していたそうだが、私は辞めることを知らずに、愚直に三十年間も、その職務を続けたのだった。その長きに対する感謝状というわけである。

西部方面総監からの贈呈式は、本部のある熊本で行われ、式には息子の昭彦（多喜一尉）が引率していった。私は「古き良き時代に、親と子をつなぐ役割をさせていただいて感謝しています。そういうことができたということを、とても嬉しく思っています」と挨拶した。

これら三つの感謝状の順序に関して、逸話がある。最初に陸上自衛隊西部方面総監から贈呈されたことが、連隊から沖縄地方連絡所に報告がいき、自衛隊沖縄地方協力本部が慌ててしまった。本来なら自衛隊沖縄地方協力本部から先に感謝状を贈呈するべきだったのに、というわけである。

私は、「もう西部方面総監の方からいただいていますから」と辞退したのだが、「そうはいきません、後の人が困ります」と説得され、それならばと頂いたわけであった。そして工科学校からも贈呈され、合計三つもの感謝状となった。学校長からの贈呈式に私は所用で行くことができず、校長から「直接差し上げたかったですけれど」と、丁重なお手紙までいただいた。

平成二十八年（二〇一六）十月二十八日、私は二〇一六年度の県功労者として表彰された。思いがけず、教育部門と社会貢献の二部門であった。

どちらももちろんありがたいのだが、教育部門で評価されたのはほんとうに嬉しかった。昭和四十八年（一九七三）から始まった県功労者の表彰で、教育部門で評価されたのは、公立学校の先生や県会議員、公務員、法人がほとんどで、しかもその多くが男性だった。四十年以上の間、私学から法人ではなく個人で表彰された女性は、私が初めてだったことを、重く受け止めている。そしてこの表彰は、当学院の卒業生や修了生が社会で活躍し、彼らの働きが評価され、その代表として私が受けたのだと思って感謝している。

また、名城政次郎先生にも感謝である。沖縄学院の県知事認可後は、沖縄県専修学校各種学

恩師の名城政次郎先生ご夫妻と

校協会にも入会したが、名城先生は四十年以上も協会長をしておられ、どんな人にも差別なく公平に接する先生の在任中、女性である私も協会の役員をさせていただき、名誉職を与えていただいたこともある。その後も歴代会長や役員のご指導と会員のご理解によって、九十歳までの長い間、理事として務めさせてもらった。そのおかげで、多くの先生方や知識人と出会い、見聞を広めることもできたのだった。平成三十年度の離任時には、胡屋会長から表彰状をいただくこともできた。

県功労者表彰時、私は八十七歳になっていて、社会貢献部門での表彰は遅かったくらいだと言われた。じつはこれまで何度か機会はあっただろうに、私に欲がないばかりに、その機会を自ら逃していたのである。たとえば、全国青色申告会沖縄県連合会女性部長を二期八年務めたが、「次に部長になっても良いと言う人がいる」と事務職員に言われ、その職を譲った。十年だと表彰対象者になったとのことだから、部長をあと二年務めていればよかったのである。それさえ知らずに、私は女性部長を辞めても理事は続けていた。

県の私立学校審議会も、審議委員を二期八年間勤めたが、これも、ぜひ自分に譲ってほしいと言った人がいて、何も考えることなく譲っていた。どちらもあと二年その役を務めていれば、もっと若いうちに県知事功労者の社会貢献部門で表彰を受けることができたのにと言われたのだった。

表彰されて嬉しいことがあった。立入り調査でやって来た顔見知りの警察官が私の顔をみて、「おめでとうございます」と言った。表彰式の模様が夕方のニュースで流れたのだが、「家でテレビ見ていたとき、あ、この人、知っていると言ったら、子供たちが、何でお父さんこんな偉い人知っているのと驚いていました」と言う。お巡りさんである父親が知っているのは、悪い人ばかりだと思っていたようである。些細なことだが、家庭での話題作りになったと思うと、ほのぼのとした気持ちになった。

私ほどの年齢になると、足腰が弱くなるのは当然のことで、杖のお世話になっている人は多い。私が今でも杖をつかずに歩いていることを不思議がられるのだが、実は六十代の頃から膝が痛くなり病院通いをしていた。ヒアルロン酸などの治療効果はなく、痛みは強くなるばかりで、七十代になると歩くことはもちろん、座っていても寝ていても痛くて、日常生活も困難となっていた。そこで、ロクト整形外科を訪ねて院長の上里智美先生の診察を受けたのだった。

「膝の軟骨がすり減り、重症です。治療法としては手術で人工関節にするしかありません。手術するのであれば、七十代のうちにした方がいいでしょう」

との診断だった。しかし忙しかったこともあり、つい延び延びになってしまい、手術を受けるのに、年齢的な心配もでてきてしまった。

そこで近畿大学の元医学部長に相談した上、現役外科医のお二人にも紹介状を書いてもらい、上里先生の手術を受けることにした。だがいざとなると私は怖くなって、上里先生に「手術によって還らぬ人になりたくないので、手術はやめます」と言ったのだった。すると先生は自信たっぷりに力強く、こう答えられたのである。

「私が手術をした患者で、還らぬ人になった人は一人もいません。皆、還って来ました。あなたも必ず還って来ます」

私はすでに八十を越えていたが、先生を信じて命を預けることにした。あれから十年にもなるが、膝の痛みを感じることはなく、レントゲンでもまったく異常はないとのことである。もっと早く手術を受ければ、痛みから解放されるのがうんと早かったのにと、後悔するほど快適に動けているのである。このことを話した知人も手術を受けて、苦も無く階段を上れるようになったと喜ばれている。

九十を越えた今も、ひと月に二回、一人で杖も持たず、日本本土まで出張して大学の理事などの職務を果たすことができるのは、近代医学の進歩によるものであり、信じられる先生に出会うことができたからだと思う。今でも上里先生を信じ、尊敬し、先生の専門外の病についてもご意見を伺うようにしている。

体を動かすことや仕事をするのが好きで、九十路《ここのそじ》を迎える頃になってもなお、大学の非常勤講師やスクーリング講師を務めていた私だったが、平成二十九（二〇一七）年三月ですべて降りた。いくら私が元気であるといっても、そうそう長くは体がもたない。

これまで当学院を卒業した人で、私の講義を受けていない人は一人もいないはずで、必ずどれかは受けている。

とくに最後に取得した食生活指導士の資格は、これからの食育にとても役立つと思っている。保育園の調理師も、食生活指導士から一週間、講義を受けたという。私も、当学院の卒業生たちに、無料奉仕でもいいから教えたいくらいだ。しかし体力がもう続かない。もっと若い時にやっておけばよかったと思う。尻に火がついてからでは遅い。

それでもすべてにおいて、学んでよかった。私の人生は働き続け、学び続ける人生だったと思う。それは必要に迫られてのこともあったが、学ばないよりは学んだ方が、人生が豊かになると信じているからである。

また、日本本土よりさらに男尊女卑の思想が根強い沖縄において、父が私に学ぶ機会を与えてくれたことは、感謝しかない。父は自分の子供だけでなく親戚の子にも教育費を出すほどの教育熱心な人だった。船を所有して物流で財を成したのも、先見の明があったからである。私がコザ学院を創るときには材木をヤンバルから届けてくれるなど、大いに力になってくれた。

そんな父に対して、感謝の気持ちとともに申し訳ない気持ちでいっぱいである。私は親不孝な娘で、嫁ぎ先が会社設立に失敗した際、父からの援助でコザに新築していた三軒の貸家を、私名義とはいえ、父に相談もせず手放したことがあった。その時でさえ、父は一言も私を責めなかった。

「失った物は、どんなに嘆いても、責めても、戻ってはこない。元気でさえいれば、また良い時もある。どんな商売でも、儲ける時もあれば損する時もある。これを経験として、二度と同じ失敗を繰り返さないように頑張りなさい」

私に立腹していたはずの父だが、励ましの言葉さえかけてくれ、「子供たちには惨めな思いをさせないように」と、継母に内緒で、時々現金も与えてくれた。お金が無くなると去って行くか辛く当たる人もいるが、父と、いとこの新栄兄には、ほんとうに助けられた。その時に佐藤愛子の『戦いすんで日が暮れて』を読んで慰められ、励みにもなった。

感謝してもしきれない父であった。私が忙しすぎて気が回らなかったこともあるが、父が死ぬまでにもう一度行きたいと言っていた揚子江に連れて行ってあげられなかった親不孝を、今でも悔いている私である。

思い起こせば、私は自分自身の向学心のために通信教育の受講を始めたのだが、思いがけず卒業前に「卒業したら、近畿大学通信教育部の沖縄地区学習センター長にならないか?」とのお話をいただいた。当時、通信教育部長だった世耕弘昭先生（後の近畿大学理事長）からのお声掛けであり、それがなかったら、今の私はない。世耕弘昭先生のおかげで、今があるのである。

その世耕先生とは思い出が多い。気さくに「アポも要らんから、いつでも来いよ」と言ってくださり、兄・政隆氏の跡を継いで学校法人近畿大学理事長になられてからは敷居も高いはずなのだが、私はその言葉を素直に受け止めた。それで大学での会議や会合以外の日でも、大阪まで行く所用ができた時は遠慮なく理事長室に顔を出させてもらい、先生はいつも笑顔で迎えて下さった。私の話はけっして高尚な話ではなく、たわいもない世間話。そういうくだらない話でも軽蔑することなく、喜んで聞いて下さった。きっと日頃の業務の厳しさが、私の馬鹿話で癒されていたのだと思う。帰ろうとしても「ちょちょちょ、一寸待ってくれ」と止められることさえあった。素晴らしい先生に私は恵まれたと感謝している。

ある日、その世耕先生が、自分は病気なんだと話されたことがあった。しかし、そそっかしい私は軽い気持ちで聞いていて、「七十過ぎたらみんな病気ですよ、私もそうですから」と言い、その時に何のご病気か聞いて差し上げなかったのが、とても悔やまれる。

しばらくお会いする機会がなく気がかりだったが、ある日、近大通信教育部の職員の方から突然お電話をいただき、「あなただけにはお知らせしなければならないので……、弘昭先生が亡くなられました。明日葬儀です」との悲報を受けた。交通の都合上、沖縄から駆け付けても葬儀に間に合う時間ではなかったので、せめて天国からでも目立つようにと漆塗りのきれいな弔電をお送りし、先生のご冥福をお祈りした。

世耕弘昭先生は、平成二十三年（二〇一一）九月二十九日に旅立たれた。平成二十九年（二〇一七）に七回忌が催されるに際し近畿大学から、追悼集『回想　世耕弘昭』への寄稿を依頼された私は、素直な気持ちで思い出を綴った。

私は、ご子息の世耕弘成《ひろしげ》氏（経済産業大臣）にお会いする機会が与えられた。大臣にはボディーガードがついているのだが、「ここで待っていてください、先生はここを通られますから」と事務長に言われて、裏口のような通路で私が待っていると、ほんとうにそこを通られた。その時に清水理事長が「七年忌に何人かに寄稿をお願いしていますが、そのうちのお一人です」と、私を紹介してくれた。握手をしてから私は、「嬉しゅうございます、これまで先生を遠くからしか拝見したことがなかったですけれど、笑顔の優しい眼差しが弘昭先生にそっくりでございます」と申し上げた。

世耕弘昭先生は、厳しさの中にも人情味あふれる優しい方だった。どんな人でも困って頼ってくると助けてくださる方だったと思う。私ごとき者のことも、「近畿大学に貢献度があるから、学校法人近畿大学弘徳学園設立時、理事にも評議員にも就任させるように」と言われたそうで、私もそれに応えられるよう頑張ったが、弘昭先生の没後に辞任した。

同法人の設立後も気にかけてくださり、豊岡の上田先生もずいぶん助けられたようで、教職員や人事まで心配され、面倒をみてくださったようである。その上田理事長から、平成三十（二〇一八）年、再び学校法人の理事、評議員になってもらいたいと依頼された。一度辞めた高齢の私に何で今さらという反発心はあったが、緊急性を感じて断ることができなかった。

今、大学の経営は生き残るだけで大変という難しい時代である。四十年近くもの永い間、良い時期も悪い時期も大学と運命を共にしてきたとの自負心があり、もし世耕弘昭先生がご存命であったなら、「お前が助けなければ、誰が上田を助けるか。助けてやれ」と励ましてくださったのではないかと思った。

山崎幸二陸幕長と筆者

やればできる。できないのはやらないからである。今やらねばいつやる。私がやられねば誰がやる。

そう感じた私は、平成三十年（二〇一八）五月一日再び大学の理事、評議員に就任した。微力ではあるが、健康である限り最後のご奉公として勤めたい。

長い間生きていることで、各方面から多くの感謝状や表彰状をいただいたが、平成二十八年（二〇一六）の県知事功労者表彰が、生きている間の最後の褒章であると思っていた。

ところが思いがけないことに、平成三十年十一月三日、九十歳になっている私が、防衛省の山崎幸二陸上幕僚長から、「永年にわたる御支援に深甚なる感謝をこめて」と書かれた感謝状をいただいたのだった。幕僚長といえば、わが息子・多喜一尉からすれば雲上人《うんじょうびと》で、私にとっても尊敬に値する素晴らしい方であった。このような方から感謝状をいただけることは、人の子の親として無上の喜びであり、感謝にたえない。生きているうちにもう一度お会いできてお礼を申し上げることができれば、もう思い残すことはない。叶わぬことであろうが、祈り続けて生きたい。

話は少し横道に反れるかもしれないが、沖縄の女は情が深く、男を立てる心根が美しいと私は思っている。それは芸能にも、ごく自然に表現されている。

たとえば民謡の「花風」。遊女でさえ、沖縄の女は情けがあって、自分はミーグスク（三重城）で目立たないように手拭いを振って、情夫だった大和からの役人に傷がつくことのないよう、そっと見送るのである。また「与那国ションカネー」に唄われるように、王府役人の現地妻も、自分を置き去りにして首里に戻る夫の船が、途中で沈むようにとは祈らない。たとえ裏切られても、海は凪いでいますから安心してお渡りください、どうぞ航海のご無事を、と祈るのである。

それにも関わらず、沖縄は男尊女卑の社会で、全国の中でも特に女性の地位が低い社会であったと思う。現在は昔ほどの女性蔑視はないが、私が銀行から復興資金の融資を受けようとした六十年ほど昔、女という理由だけで却下されたのである。

そんな沖縄の古い社会通念の中、父が私に教育を勧めてくれたお蔭で、今日の私がある。そう思うとなおのこと、父への感謝の思いが強くなるのである。

いま私が望むことの一つは女性の活躍である。女性には女性の特性がある。男と対立し、男性を押しのけて女性がやる、というのではなく、女性の特性を生かし、それぞれの分野でリーダー的存在になってほしい。堂々と積極的に社会に進出してほしい。同時に、沖縄の女性を代表して社会を切り開いてきた勇気のある女性、能力のある女性が活躍できる場が、もっとあって然るべきだと思っている。女性市長など社会のリーダーとなる人も出てきたが、さらに多くの女性にも活躍してほしい。いざ女性の出番である、とエールを送りたい。

私には、まだやりたかったことがたくさんある。しかし人間は鶴や亀ではなく、千年も万年も生きられるものではない。人間の寿命には限りがある。九十を超えた私自身にはもうできないことで、あれもやりたいこれもやりたいと欲張って駄目になるほど哀れなものはない。いくら元気な私でも、いつどうなってもおかしくない歳である。運転免許証も返納した。やり残したことは、これからの若い人たちが後に続いてくれることを信じ、頼りにしている。

九十年の間には、さまざまな出来事があった。これは人生を乗り切るための学習のようなもので、多くの経験によって忍耐や強く生きる力となった。

「安全運転」を全うし免許を返納した〝卒業生〟ら（前列）＝5日、浦添署

6人が安全運転卒業式

浦添署　免許返納者へ敬意込め

【浦添】浦添署は5日、安全運転に努め続けて運転免許証を返納した「元ドライバー」に敬意を表した「安全運転卒業式」を同署で行った。6人の返納者は瑞慶山力署長から卒業証書と記念品を受け取り、卒業式の定番曲「仰げば尊し」を合唱した。

家族ら約20人や署員らも同席した。免許証返納で、高齢者の事故防止につなげる狙いもある。

家族の勧めがきっかけになったという多喜美枝子さん(92)は〝卒業生〟を代表し「他人さまを事故でけがさせないうちに返納を決意した」とあいさつした。

瑞慶山署長は卒業生に、返納への感謝や周囲への呼び掛けのお願いなどを全てうちなーぐちで話し「きょうからたくさん散歩してください」と健康づくりも勧めた。

（長濱良起通信員）

運転免許証返納の記事（2019年8月15日琉球新報）

人生は辛いことばかりではない。楽しかったことや嬉しかったこともあった。これからは欲張らず、今まであった数々の美しい想い出を胸いっぱいに抱いて、穏やかな余生を過ごしたいと思う。

紅葉《もみじ》して散りたしと言う那覇の女《ひと》

あとがき

九十年余の歳月は長いようで、しかしあっという間に過ぎて行った気がする。とにかく忙しく、がむしゃらに生きてきたが、学ぶことは止めなかった。それは、学ぶ必要に迫られていたこともあるが、学ばないよりは学ぶ方が豊かな人生が送れると信じていたからであり、実際にそうだったと思う。

その短いようで長い人生をまとめるに際し、記録の大切さを改めて思った。人は無我夢中に日々の暮らしを営んでいる間、日記でも付けていない限り、自分が生きてきた記録を残すことはしない。したがって、足跡の記録を拾い出すのは困難だし、記憶に頼るしかない。とくに戦争をくぐりぬけてきた私たちの世代には、なおさら困難な作業である。私も、これまで必要に迫らせて作成してきた自分の履歴書を、私の記憶を引き出して書いていて、数ヶ月ないしは一年余、あやふやな部分も多かった。

しかし、このたび自分史を書くにあたり、古い書類や写真類を引っ張り出し、丁寧に調べてみた。すると古いものであれば写真屋が写真に印刷した日付があったり、写真の裏に記された自筆のメモを発見したりした。また一九六〇年頃からだと、写真の下に自動的に入った日付があった。それらを丹念に辿っていくことで、熊本の国立病院を退職した年、沖縄に帰ってコザ学院を創設した年等々、いくつかを訂正することができたのである。これは、自分史を作ることによってもたらされた大きな副産物であった。

また沖縄戦で焼失した戸籍の再編時に、私は五ヶ月若く登録されてしまい、これまでずっと体になじまない服を着ているような不自然さを感じていた。

じつは私は昭和三年の三月一日生で、昭和二年生と同じ年の学年(早生まれのため七ツ学校)だが、戦後の戸籍では八月一日生となっているため、学歴で年が合わない部分がある。それがあったので、この際、自分史には正しい生年を書くことにした。

調べていく上でもう一つ気になったのは、手紙などの末尾に、月日はあっても年が記載されていないものが多いことである。とくに頂いた私信には、ほぼ全部に年が書かれてない。消印があるといっても判読できないものがほとんどで、これでは記録としての役割が半減する。私は、たとえ私信であっても、月日だけでなく年を入れる重要さを改めて感じた。

私は単なる一般人である。その一女性の人生を書くのに躊躇がないではなかったが、沖縄の古い時代を感じる一冊となったのであれば、幸いだと思う。

なお、この自分史作成にあたっては、編集の南ふうさんに大変お世話になった。また丁寧なお仕事で得心のいく立派な本に仕上げてくださった、担当の城間毅さんを始め、新星出版のみなさまには深くお礼を申し上げます。

多喜美枝子

令和元年七月

167

（著者略歴）

多喜美枝子（たき　みえこ）

学歴

昭和21年3月　八代助産婦看護婦学校　卒業
昭和22年3月　油谷洋裁学校本科　卒業
昭和35年　日本経済短期大学商経科　中退
昭和55年3月　近畿大学豊岡女子短期大学家政科　卒業
昭和59年　近畿大学通信教育部法学部法律学科　卒業
平成14年3月　日本女子大学通信教育部家政学部生活芸術科　卒業
平成17年　近畿大学豊岡短期大学通信教育部幼児教育学科　卒業
平成24年10月　女子栄養大学社会通信教育部栄養と料理専門コース課程修了

主な職歴

昭和21年4月1日　西産婦人科小児科病院勤務（昭和22年3月31日）
昭和22年4月1日　国立病院再春荘病院勤務（昭和26年5月31日まで）
昭和28年4月1日　コザ英文タイプ實用英語学院経営（昭和38年3月31日まで）

昭和44年4月1日　茶道・生け花教室　校長（昭和59年3月31日まで）
昭和54年4月1日　久田病院に勤務（昭和59年12月まで）
昭和56年4月1日　学校法人近畿大学豊岡短期大学通信教育部非常勤講師（平成5年3月31日まで）
昭和59年4月1日　陸上自衛隊高等工科学校　全国生徒育成会　理事兼沖縄県支部長（平成26年3月まで）
昭和59年4月1日　学校法人近畿大学通信教育部沖縄地区学習センター所長（平成3年9月14日）
昭和63年4月1日　浦添市てだこ学院非常勤講師（平成3年3月31日まで）
昭和63年4月1日　学校法人近畿大学本部校友会常任幹事・梅友会相談役（現在まで）
平成3年9月15日　沖縄学院　校長（現在まで）
平成4年6月2日　社団法人沖縄県専修学校各種学校協会監事（平成18年6月28日まで）
平成5年2月4日　社団法人全国青色申告総連合会沖縄県連合会　女性部長（平成13年6月18日まで）
平成6年4月1日　沖縄県私立学校審議会　委員（平成14年3月31日まで）
平成17年4月1日　学校法人近畿大学弘徳学園理事（平成24年3月31日まで）
平成18年6月29日　社団法人沖縄県専修学校各種学校協会理事（平成30年3月31日まで）
平成21年3月1日　学校法人　平安学園平安幼稚園　理事（現在まで）
平成22年4月1日　学校法人近大姫路大学通信教育部　非常勤講師（平成29年3月31日まで）
平成30年6月1日　学校法人弘徳学園　評議員・理事（現在まで）

働きつづけ　学びつづけて

令和元年（二〇一九）九月一四日　発行

著　者　多喜美枝子
編　集　南　ふう
発行所　新星出版株式会社
〒九〇〇－〇〇〇一
沖縄県那覇市港町二－一六－一
ＴＥＬ　〇九八－八六六－〇七四一
ＦＡＸ　〇九八－六六三－四八五六

印刷所　新星出版株式会社

ISBN978-4-909366-33-7
定価はカバーに表示してあります。
万一、落丁・乱丁の場合はお取り替えいたします。